北京市教育科学"十四五"规划2024年度青年专项课题"工作时间与工作效率视角下数字化对高等教育溢价的影响研究"（项目编号：ACAA24173）

数字金融对包容性增长的影响效应与机制研究

The Effects and Mechanisms of Digital Finance on Inclusive Growth

李彦龙 —————— 著

经济管理出版社

ECONOMY & MANAGEMENT PUBLISHING HOUSE

图书在版编目（CIP）数据

数字金融对包容性增长的影响效应与机制研究 / 李彦龙著 . -- 北京 ： 经济管理出版社，2024. -- ISBN 978-7-5243-0092-2

Ⅰ．F832-39

中国国家版本馆CIP数据核字第2024TC2579号

组稿编辑：曹　靖
责任编辑：郭　飞
责任印制：许　艳
责任校对：蔡晓臻

出版发行：经济管理出版社
　　　　　（北京市海淀区北蜂窝 8 号中雅大厦 A 座 11 层　100038）
网　　址：www. E-mp. com. cn
电　　话：（010）51915602
印　　刷：唐山玺诚印务有限公司
经　　销：新华书店
开　　本：720mm × 1000mm/16
印　　张：14. 5
字　　数：194 千字
版　　次：2024 年 12 月第 1 版　　2024 年 12 月第 1 次印刷
书　　号：ISBN 978-7-5243-0092-2
定　　价：88. 00 元

目　录

第二部分　数字金融对包容性增长的影响机制

绪　论

　　收入分配一直是经济学的经典研究问题（Acemoglu，2012），也是我国社会主义现代化建设中要解决的核心挑战之一。在全球因人工智能、大数据、区块链、云计算等数字技术带来深刻变革，我国也进入新发展阶段的背景下，数字技术为促进包容性增长、促进共同富裕提供哪些新机遇，又带来哪些新挑战，是值得探究的新问题。数字时代我国包容性增长会有什么新特征，如何合理运用数字技术促进包容性增长甚至实现共同富裕问题，在文献中尚未得到充分研究。其中，数字技术与金融的结合形成的数字普惠金融可以作为一个重要的研究视角。

　　中国的数字金融发展可以从2004年的支付宝账户体系上线开始计算，但业界很多从业人员是将2013年余额宝的推出视为中国数字金融发展的元年。总体来看，目前中国的数字金融发展时间只有10~20年，但中国的数字金融发展速度已经成为引领全球数字金融的一面重要旗帜。

　　截至目前，数字金融所展示的最大优势是支持普惠金融的发展。作为传统金融与人工智能、大数据、云计算等数字技术的有机融合，数字金融具有共享、便捷、安全、低成本、低门槛的特征。第一，移动支付使交易可以在任何时刻完成，在中国市场中催生了一些极具创新性的实体商业模式，推动了共享单车、共享充电宝等共享经济的发展，提升了总供给能力和资本利用率。第二，数字金融的一个重要特征是便捷。在传统金融模式下，支付水、电、气各种费用需要跑多个营业厅才能完成，而数字金融如移动支付的发展，使居民在家通过手机即可完成各种账单的支付，节省了大量的时间和精力。第三，数字金融利用大数据技术降低了信用风险，改善了社会信用环境。同时，移动支付的普及使居民可以通过"无现金"模式进行交易，通过刷脸进行支付，提高了资金的安全性。第四，与数字金融的便捷伴随的另一个重要特征是低成本，移动支付的普及大大降低了交易成本，提高了金融运行效率。第五，商业银行理财业务的门槛也较高，很多低收入居民达不到商业银行的理财业务门槛，不满足银行的最低规定要求。而与传统金融服务的高门槛不同，数字金融具有低门槛的特征，能够使低收入居民、小微企业等获取传统金融服务较为困难的群体享受到金融服务。

总体来看，长期以来收入不平等是经济学领域一个经典的研究问题，也是我国重点关注的社会热点问题之一。与此同时，我国的数字金融近年来也取得了快速的发展，而数字金融又具有共享、便捷、安全、低成本、低门槛等特征，支持了普惠金融的发展，在促进包容性增长等方面发挥了重要的作用，未来也有进一步促进包容性增长和促进共同富裕的潜力。因此，本书从多角度研究数字金融对包容性增长的影响，并且从多角度考察了数字金融对包容性增长的影响机制具有重要的理论意义和现实意义。理论方面，本书进一步丰富了国内外关于数字金融影响包容性增长的理论研究。现实方面，本书的研究结论能够为如何更好地推动数字金融发展以促进包容性增长提供经验证据。

本书的研究内容主要分为两大部分。其中，第一部分为数字金融对包容性增长的影响效应，对影响机制等作了分析与检验，包括本书的第一章至第三章。第二部分为数字金融对包容性增长的影响机制，对数字金融影响包容性增长的创业、创新机制和数字技术的作用进行了详细的讨论，包括本书的第四章至第六章。

第一章主要从区域的角度考察数字金融对包容性增长的影响。本章结合北京大学数字普惠金融指数、省市级宏观数据、灯光数据和上市公司数据，从省、市、县三个层面考察数字普惠金融与区域间包容性增长之间的关系，并探索数字普惠金融影响区域间包容性增长的传导机制。

第二章尝试从国家内部和国家之间研究数字金融对包容性增长的影响，采用多维数据从国内与国外、宏观与微观、直接与间接等多个视角综合考察数字金融对包容性增长的影响。本章首先从宏观层面的国内外两大视角出发检验数字金融与包容性增长之间的关系及其影响机制；其次以中国上市公司数据为样本，为数字金融存在的更大程度上促进高收入群体收入增长的潜在作用进行了检验。

第三章基于创新视角，采用制造业上市公司数据和 RIF 回归方法，通过企业内部包容性增长和企业间包容性增长两个角度考察创新对包容性增长的影响及其影响机制。数字金融的发展体现在数字技术的发展和普惠金融的发展，普惠金融的发展能够促进包容性增长，而数字技术的发展对包容性增长的影响是复杂的，第二章的结论发现了数字技术对包容性增长会产生特殊的影响效果。因此，第三章基于创新视角，从微观企业层面对影响包容性增长的效果进行了详细的讨论。

第四章基于 2016 年 1 月至 2020 年 12 月国家市场监督管理总局的工商注册数据，考察创业活跃度的区域发展现状，基于核密度估计和泰尔指数分解方法研究创业活跃的动态演变。此外，数字金融促进包容性增长的一个重要渠道便是创业（谢绚丽等，2018；张勋等，2019）。本章进一步考察数字金融发展对城市创业活跃度的影响及其在不同类别城市间的差异，基于优势分析方法考察数字金融促进创业活跃度的相对重要性。本章从城市层面的月度数据对我国的创业发展进行深入的了解，首次从城市层面考察数字金融对创业的影响，从促进创业视角以"稳增长、保就业"和实现共同富裕这一目标提供了新的研究视角和经验证据。

第五章基于 A 股上市公司的非平衡面板数据，考察数字化对企业绩效的影响及企业异质性，从企业外部融资约束环境和内部经营管理效率两个角度检验数字化对企业绩效的影响机制，并实证考察数字化在行业内和城市内对企业绩效的溢出效应。如前文所述，数字金融的发展包括普惠金融的发展和数字技术的发展，本章重点考察数字技术发展的影响，基于微观层面的研究数据研究数字技术对包容性增长的影响。与此同时，第四章和第五章更大程度上关注的是数字金融对中小企业的影响，而本章关注的是上市公司等大企业或者实力较强的企业。

第六章从创新视角考察数字金融对包容性增长的影响机制。数字金融影响包容性增长的另一个重要渠道是创新。数字金融发展促进了创新，释放了大量新的商业机会，从而增加了创业机会。作为一种金融基础设施，数字金融可以直接为创新提供基础（Zeng 和 Reinartz，2003）。数字金融的发展改变了现有的商业模式。例如，数字支付的出现极大地促进了电子商务的发展，并进一步促生了线下商务的线上化。共享单车、外卖、上门洗衣、直播带货、"淘宝村"等领域的创业机会都依赖于数字支付技术的支持。本章基于城市层面的专利数据，详细讨论了数字金融对区域创新的影响。

相比以往的研究，本书可能的特色和创新之处主要包括四个方面：第一，在研究视角方面，本书从国家间、省间、市间、县间、企业间等国内与国外、宏观与微观、直接与间接等角度全面地考察了数字金融对包容性增长的影响，对数字金融影响不同群体包容性增长的效果进行了详细的比较和检验，并尝试对数字金融影响不同群体包容性增长的效果和原因进行解释。第二，在研究数据方面，本书同时采用了国家、省、市、县、企业的宏观与微观数据进行了研究，借助灯光数据等丰富了本书的研究思路和研究内容。由于县级层面的经济数据缺失较多，考察数字金融对县域包容性增长的影响存在困难，而本书借助于灯光数据，很好地解决了此问题，将数字金融对区域间包容性增长的影响首次深入到了县级层面。同时，基于国家市场监督管理总局的工商注册信息数据计算出了城市月度层面的创业活跃度数据，进一步丰富了数字金融对创业影响的研究。第三，在研究方法方面，本书除了基本的线性回归模型外，还采用了泰尔指数分解、工具变量估计、分位数回归、RIF 回归、优势分析等多种研究方法。第四，数字金融的发展包括普惠金融的发展和数字技术的发展，除了数字金融的普惠特征外，本书还对数字技术的作用进行了详细的考察。

第一部分

数字金融对包容性
增长的影响效应

第一章　数字金融与包容性增长：区域视角

本章结合北京大学数字普惠金融指数、省市级宏观数据、灯光数据和上市公司数据，从省、市、县三个层面考察数字金融与区域间包容性增长的关系，并探索数字金融影响区域间包容性增长的传导机制。第一节为问题的提出，第二节为数字金融影响区域间包容性增长的理论机制，第三节为研究策略，第四节为数字普惠金融与区域间包容性增长的实证估计，第五节为进一步分析：数字金融影响区域间包容性增长的微观证据，第六节为本章小结。

第一节　问题的提出

经过十多年的发展，我国数字普惠金融发展已经走在世界前列[1]。利用互联网、大数据、云计算、区块链、人工智能等高新数字技术，我国金融

---

[1]　数字普惠金融是指以数字技术赋能的金融业，其内涵包括改变传统银行和金融服务方式的各类产品、应用程序、流程和商业模式，在不同发展阶段也被称为互联网金融、金融科技或科技金融。

业不断改良和创新金融产品服务，金融市场的组织模式、金融服务的供给方式以及金融功能的实现形式都发生了很大变化。根据银保监会和中国人民银行发布的《2019 年中国普惠金融发展报告》，2019 年全国使用电子支付的成年人比例达 82.39%。在过去几年中，互联网银行对小微企业发放的贷款帮助小微企业度过困境，发挥了公共卫生事件情况下的经济稳定器作用。由于充分发挥了数字技术的优势，自 2015 年以来我国普惠金融发展取得突破性进展，已经成为国际金融界重要的"中国故事"。

党的十九大报告指出，我国社会的主要矛盾已经转化为"人民日益增长的美好生活需要和不平衡不充分的发展之间的矛盾"，而数字金融的发展是否有助于促进地区发展平衡尚待深入研究。一方面，随着数字金融的发展，欠发达地区可能在边际上得到更大助益，实现经济增速快于发达地区，这就促进了欠发达地区发展水平向发达地区收敛，促进包容性增长。另一方面，不同地区经济环境、数字金融发展程度和运用数字金融的能力存在较大差异，如果欠发达地区在上述三方面都远远落后于发达地区，数字金融的发展反而可能不会对包容性增长产生有效促进作用。进一步来看，无论是哪种力量占主导，数字金融在重塑经济地理格局中发挥了何种作用、这些作用的内在机理是什么，都亟待系统解决研究。

虽然现在有不少研究关注国家或地区间的包容性增长（Baumol，1986；Barro 等，1991；Maddison，1991；Barro 和 Sala-i-Martin，1992；Rodrik，2013），也有文献关注中国地区经济收入分布的变化（沈坤荣和马俊，2002；戴觅和茅锐，2015），但已有文献对数字金融发展如何影响区域间包容性增长的研究主要集中在对省间的探讨，但缺少深入省内部以及市内、市间的研究。数据缺乏可能是缺少更深入研究的主要原因。虽然可以利用地级市层面数据来计算省内的不平衡程度，但这样做至少有三个问题：一是每个省内部地级市的数量偏少（平均每个省份大约 11 个），基于地级市层面数据的计算会显著低估省内经济不平衡程度 ①；二是仅采用地级市层面数据也就无法将对数字金融的影响深入到地级市内部；三是对直辖市不恰当，直辖市是我国省级行政单位，如果直接将直辖市当作地级市处理，则直辖市内部各区的收入分布并未被考虑。要解决这一数据缺乏问题的一个自然思路是采用县级数据，但是县级数据缺失又比较严重。

本章目标是从省、市、县三个层面多角度全方位考察数字金融对区域经济均衡发展的空间格局影响，探索数字金融影响区域间包容性增长的地区差异，并考察数字金融影响区域间包容性增长的传导机制。这主要从三方面展开。第一，本章展示采用县级 GDP 数据构造省内、市间和市内分布状况，并基于灯光数据构造对县实际人均 GDP 的度量，进而构造用于度量区域间收入分布的泰尔指数；第二，通过将泰尔指数对数字金融以及其他控制变量的回归，评估数字金融对省内地级市间和地级市内包容性增长的影响，并对数字金融重塑省内包容性增长的效果在南北地区、直辖市与非直辖市的差异全方位进行考察；第三，本章基于省内、省内地级市间和地级市内包容性增长多个维度，从创新和产业转型升级两个方面考察了数字金融对包容性增长的影响机制，并基于微观数据进一步提供经验证据支持。

本章对文献的贡献如下：首先，本章结合了宏观的省、市、县层面数据，从省内、地级市间和地级市内包容性增长等方面，多维度评估数字金融发展对中国区域间包容性增长的影响，为客观认识数字金融的总体经济

---

①　本章直接基于地级市数据进行计算出的省内泰尔指数整体显著低于基于县级数据计算得到的结果，原因在于直接基于地级市层面数据计算会忽略地级市内部的经济不平衡程度，而地级市内部的经济不平衡是其中一个重要的部分。

效应提供实证证据。其次，本章在作分解时，采用灯光数据来近似县级人均 GDP，将数字金融对包容性增长的影响效果的研究进一步推进到县级层面。再次，在实证评估数字金融对区域间包容性增长的影响之后，本章从数字金融通过创新和产业转型升级等角度研究其影响区域间包容性增长的具体机制。最后，基于上述发现，本章对数字金融发展和相应金融监管政策提出建议。

本章对经济分布的度量、经济分布的影响因素、普惠金融的作用和数字技术对区域间包容性增长的影响这四支文献均有贡献。一方面，在关于经济分布的度量方面，现有文献多数是基于省级数据，采用基尼系数、泰尔指数、广义均值方法、分位数法、相对平均偏差等（林毅夫等，1998；Foster 等，2005；Cowell，2011；许宪春等，2019）来刻画我国经济分布的状况。另一方面，现有研究区域间包容性增长影响因素的文献较丰富，主要是从产业结构异质性、要素错配和经济地理格局等角度出发（戴觅和茅锐，2015；邓仲良和张可云，2020；安同良和杨晨，2020），但现有文献缺少从数字金融角度的探讨。

从普惠金融影响的角度来看，现有文献集中在评估普惠金融的效果。例如，Pearce（2011）认为普惠金融对于中东和北非地区的竞争力、创造就业机会、提高收入至关重要。Dupas 和 Robinson（2013）的研究发现，在肯尼亚农村地区的市场摊贩（主要是女性）职业者中随机分配无息银行账户，尽管提款费很高，但仍有相当一部分市场妇女使用这些账户，这能够帮助她们节省更多支出，并增加了生产性投资和私人支出。Kapoor（2014）认为普惠金融是使所有公民都能为经济增长做出贡献并从中受益的一种均衡器。Dawood 等（2019）基于 2017 年印度尼西亚约 30 万户家庭数据的研究表明，金融包容性提高了家庭收入增长，可以弥补资产缺乏、农村地区非农业职业机会有限和户主受教育程度低的问题。由于数字技术在大部分发展中国家尚处于初步发展阶段，鲜有国际文献探讨数字普惠金融的贡献等问题。

就数字技术对区域间包容性增长的影响来看，目前对中国的数字金融与区域间包容性增长关系的影响，主要是从异质性角度间接提供了一些证据。例如，有较多研究从城乡收入分配角度考虑了数字金融的影响，有些研究发现数字金融对城市居民收入促进作用更大，也有些研究发现数字金融对农村居民收入的促进作用更大。其中，Liu 等（2020）基于北京大学数字普惠金融指数与中国家庭金融调查（CHFS）匹配数据的研究发现，数字普惠金融对城市家庭收入的促进作用大于农村家庭。宋晓玲（2017）采用 2011~2015 年我国 31 个省份的面板数据发现数字普惠金融对农村居民收入的促进作用更大。张勋等（2019）将中国数字普惠金融指数与中国家庭追踪调查数据相匹配，发现数字普惠金融显著促进了农村家庭收入的增长，但对城市家庭收入增长的促进作用不显著。周利等（2020）的研究结果同样表明数字普惠金融的发展对农村居民收入的促进作用更大。还有研究从数字普惠金融对地区间经济增长的异质性影响间接探讨了数字普惠金融的影响。例如，谢绚丽等（2018）的研究发现，数字普惠金融对城镇化率较低的省份、注册资本较少的微型企业有更强的鼓励创业的作用。李建军等（2020）研究发现，普惠金融对经济增长的促进作用仅在东部省份得到了显著的促进作用，从而对省间的包容性增长并没有产生正向的积极效应。

也有不少文献探讨创新和转型升级对包容性增长的影响。就创新对包容性增长的影响而言，现有实证结果的方向并不一致。例如，Frydman 和 Papanikolaou（2018）基于一般均衡模型考察了创新对包容性增长的影响，发现创新对管理层的收入有更高的促进作用。Aghion 等（2018）基于

1988~2012 年芬兰的匹配数据研究企业内部各群体从创新发明中获得的回报，发现管理层获得了最高的收入回报，占企业总收入回报的 44%。Aghion 等（2019）基于美国州际层面的面板数据的研究结果发现，创新对前 1% 人口的收入有更强的促进作用，但对其中 99% 人口之间的收入分布并没有显著的影响。Antonelli 和 Gehringer（2013）基于 1995~2011 年包括美国、加拿大、欧盟成员国以及金砖四国等国家数据的研究发现创新促进了包容性增长。Benos 和 Tsiachtsiras（2019）根据 29 个国家的面板数据的实证结果同样发现创新促进了包容性增长。国内也有部分研究间接考察了创新对区域间包容性增长的影响，如企业创新能力的提高能够显著影响地区科技水平，而地区科技水平是显著影响地区包容性增长的重要因素（倪鹏飞等，2014）。但数字金融如何通过创新影响地区包容性增长的文献相对比较匮乏。

在产业结构影响区域间包容性增长这一视角上，陈斌开等（2009）基于中国居民营养和健康调查数据的研究发现，1990~2005 年快速的产业结构变迁是中国城镇居民劳动收入分布变化的重要原因之一。基于宏观数据研究，Rodrik（2013）研究发现，国家间制造业生产率存在着收敛，但由于低收入国家的制造业占比较小，并未导致国家间总体收入的收敛。戴觅和茅锐（2015）基于中国省级数据的研究进一步发现，产业结构是影响地区经济收敛的重要因素，落后省份的工业占比较低，工业生产率增长对整体经济的拉动作用较小，导致工业部门的生产率收敛未能缩小各省份间的包容性增长。类似地，现有文献对数字普惠金融如何通过影响产业升级而影响地区包容性增长这一问题的研究尚不充分。

总体来看，现有研究重在考察数字金融对经济增长的影响；其对区域包容性增长影响的考察是间接的，主要从城乡角度和异质性影响等角度展开。因此，不仅缺少数字金融如何影响区域间包容性增长（尤其是省内）的评估，更缺少对影响机制的系统研究。本章旨在结合北京大学数字普惠金融指数、省市级宏观数据、灯光数据和上市公司数据，从省、市、县三个层面来评估数字金融的影响，并从创新和产业转型视角进一步挖掘相关机制。

第二节　数字金融影响区域间包容性增长的理论机制

金融市场的信息不对称不仅提高了信息成本和交易成本，也是企业的外部融资受到约束的重要原因（Myers 和 Majluf，1984；Greenwood 和 Jovanovic，1990；Kaplan 和 Zingales，1997；Love，2003；Jauch 和 Watzka，2016）。由于信息不对称的存在，传统金融机构难以服务小微企业和偏远地区的人群（Morduch 和 Armendariz，2005）。已有研究表明，数字金融为有效缓解信息不对称问题、拓展金融的服务范围和触达能力提供了巨大的发展空间（谢平等，2014；黄益平，2016）。Hau 等（2019）还发现，在传统信贷市场较为薄弱的地区，金融科技信贷市场的积极效应也更大。因此，数字金融是传统金融的有力补充。

除了为传统金融市场不能触达的小微企业和个人提供融资服务之外，数字普惠金融影响区域间包容性增长的理论机制至少可以从促进创新和产业转型升级两个角度来阐释。作为一种金融基础设施，数字金融可以直接为创新提供基础（Zeng 和 Reinartz，2003），从而通过影响不同地区的创新程度来影响区域间包容性增长。Teece（2009）认为，技术本身就是商业模式变革的一个重要原动力；数字技术驱动的金融服务对商业模式产生了深远影响（Baden-Fuller 和 Haefliger，2013）。例如，数字支付改变了商业模式中价值交付的环节，使消费者与商家在线上完成交易成为可能，催生了共享单车、外卖等各类新型到家服务，以及线上线下相结合的新的业务模式。从实证分析来看，谢绚丽等（2018）发现数字金融可以通过创新影响创业，而数字金融的发展对于城镇化率较低的省份、注册资本较少的微型企业有更强的鼓励创业的作用。万佳彧等（2020）通过分组检验发现，数字金融对中小企业和民营企业的创新激励效应更强。唐松等（2020）研究发现，在金融发展禀赋较差的地区，数字金融对创新的驱动效果更大，具备较好的普惠特征。

另外，数字普惠金融也可以通过影响产业转型升级进而影响区域间包容性增长。数字金融的发展不仅创造了新的就业机会（Demir 等，2020），还催生了自由职业、兼职就业、零工经济等新型就业模式和经济模式。新就业模式的涌现，为部分低收入群体就业转型提供了新机会，如从农业转型到直播、滴滴、外卖等行业。现阶段，数字金融发展促使就业人口从第一产业转向第二产业和第三产业。《中国数字经济发展白皮书（2020 年）》显示，各行业数字经济发展转型的速度不同（如服务业为产业数字化发展最快的领域、农业数字化转型需求相对较弱），故数字金融可以通过促使欠发达地区的就业人口从第一产业转向第二产业和第三产业，尤其是第三产业来改变三次产业的就业结构，推动产业转型升级，从而影响区域间包容性增长程度。已有国内外文献对这一机制给出部分支撑，Suri 和 Jack（2016）发现，移动支付普及率的提高驱动 2% 的肯尼亚家庭从农业转向商业，从而促进了收入增长。谢绚丽等（2018）、张勋等（2019）研究发现，数字普惠金融能够在更大程度上促进低城镇化率省份、农村地区的创业。

总体来看，数字金融的发展能够弥补传统金融的不足，能够在更大程度上促进创新，其创造新的就业机会可以推动欠发达地区的低收入群体转向更高收入岗位。这样，通过增加资金供给、促进创新和促进转型升级，数字普惠金融可以影响区域间包容性增长。

第三节 研究策略

本章采用如下研究策略来评估数字金融对我国区域间包容性增长的影响。首先采用泰尔指数来度量省内、市内和城市之间的收入分布状况，其次评估数字金融对区域间包容性增长的影响。在上述分析的基础上，本章进一步研究数字金融影响包容性增长的机制，这主要从创新和产业转型升级这两个角度展开。在本部分，首先介绍上述估计采用的数据、变量和模型设定。由于采用灯光数据来近似县级人均GDP是本章主要创新点之一，下文接着介绍其构建过程。

一、数据、模型和变量

本章主要采用三种数据：一是2011~2018年省级和地级市层面经济数据；二是北京大学数字普惠金融指数；三是灯光数据。其中，各省份的人均GDP、人均GDP指数以及各控制变量的数据主要来源于历年《中国统计年鉴》，就业人员平均受教育年限数据来源于历年《中国劳动统计年鉴》。北京大学数字普惠金融指数从北京大学数字金融中心获得。测度县级人均GDP所使用到的地级市和县级灯光数据来源于中国研究数据服务平台（CNRDS），数据由DMSP-OLS和SNPP-VIIRS两套卫星系统收集。由于 DMSP-OLS 的时间跨度为 1992~2013 年，而 SNPP-VIIRS 的时间跨度为 2013~2019 年，并且这两套数据不具备可比性，本章采用 SNPP-VIIRS 灯光数据。我们根据其月度统计数据得到年度平均值[①]。由于夜间灯光数据测度出的各县级层面的数据最早始于 2013 年，因此采用县级数据的分析的时间段为 2013~2019 年。

本章采用泰尔指数来度量区域间的收入分布状况。具体来说，本章以各省内部的地级市为组别，采用泰尔指数分解方法，将各省内部的泰尔指数（Theil）分解为省内地级市之间的泰尔指数（Theil_bt）和省内地级市内部的泰尔指数（Theil_wi），也就是将第 i 个省的泰尔指数作如下分解：

$$
\begin{aligned}
\text{Theil}_i &= \frac{1}{N_i} \sum_{k=1}^{N} \frac{Y_{ijk}}{\overline{Y}_i} \ln\left(\frac{Y_{ijk}}{\overline{Y}_i}\right) \\
&= \text{Theil\_bt}_i + \text{Theil\_wi}_i \\
&= \sum_j \frac{Y_{ij}}{Y_i} \ln\left(\frac{Y_{ij}/Y_i}{N_{ij}/N_i}\right) + \sum_j \frac{Y_{ij}}{Y_i} T_{ij}
\end{aligned}
\tag{1-1}
$$

其中，Y_{ij} 表示 i 省地级市 j 的经济产出（人均 GDP），Y_i 表示 i 省各地级市的经济产出之和，N_{ij} 表示 i 省地级市 j 内部的县个数，N_i 表示 i 省内部的县个数，T_{ij} 表示 i 省地级市 j 内部的泰尔指数，Y_{ijk} 表示 i 省地级市 j 县 k 的经济产出，Y_i 表示 i 省各县经济产出的平均值。泰尔指数越大，则区域收入的分布越发散。为便于解读，本章将各泰尔指数乘以 100 以后得到的数值作为最终的因变量。此外，由于直辖市的特殊性，以地级市作为组别计算泰尔指数时，4 个直辖市的组间泰尔指数为 0[②]。

---

① 考虑到本章的研究需要，本章基于 SNPP-VIIRS 的卫星观察数据对模型（1-5）进行估计。2018 年 6 月和 2019 年 1 月的数据缺失，对应年份的灯光亮度值基于其余 11 个月的数据计算。

② 在下文分析中，考察数字普惠金融对地级市间泰尔指数和地级市内泰尔指数的影响时，4 个直辖市的组内、组间泰尔指数均令其等于总泰尔指数。

本章的基准模型为采用省级面板数据，以泰尔指数作为因变量来考察数字普惠金融对各省包容性增长的影响，计量模型如下：

$$\text{Theil}_{it} = \lambda_{0i} + \theta_1 \text{index}_{it-1} + r_0 X_{it-1} + u_{1it} \tag{1-2}$$

$$\text{Theil\_wi}_{it} = \lambda_{1i} + \theta_2 \text{index}_{it-1} + r_1 X_{it-1} + u_{2it} \tag{1-3}$$

$$\text{Theil\_bt}_{it} = \lambda_{2i} + \theta_3 \text{index}_{it-1} + r_2 X_{it-1} + u_{3it} \tag{1-4}$$

其中，因变量为采用县人均 GDP，利用式（1-1）计算得到的各省泰尔指数；index 表示各省数字普惠金融水平；X 表示影响包容性增长的控制变量；λ_i 表示省份固定效应；u 表示随机扰动项。为了减弱反向因果可能导致的内生性问题，本章对所有解释变量做滞后一期处理。

本章的核心解释变量为数字金融发展水平，以标准化过的北京大学数字金融研究中心编制的北京大学数字普惠金融指数来度量。除了总指数（index）外，本章还选用了数字普惠金融指数的其中两个细分指标：覆盖广度（index_1）和使用深度（index_2），其中覆盖广度是数字金融的覆盖人群的评价指标，强调的是提供足够的金融服务；使用深度衡量的是地区实际使用数字金融服务的频率等，强调的是数字普惠金融服务的有效需求（郭峰等，2020）。

本章采用的控制变量如下：①传统金融发展水平（FD），以金融机构存款与贷款之和与 GDP 的比值来度量。金融发展一直是影响收入的重要因素之一（Greenwood 和 Jovanovic，1990；Jauch 和 Watzka，2016），不控制传统金融可能会高估普惠金融的重要性。②人力资本水平（edu），以就业人员的平均受教育年限来度量。人力资本是影响收入的重要因素（万广华等，2005；倪鹏飞等，2014），提高人力资本水平对促进包容性增长至关重要（Acemoglu 和 Zilibotti，2001）。③政府财政支出规模（gov），以政府一般预算财政支出与 GDP 的比值来度量。财政支出结构与税收结构通过影响家庭的劳动—休闲选择、储蓄—消费选择以及生产性公共支出占总产出的比例影响经济增长，其对经济增长的影响也需要控制（严成樑和龚六堂，2009）。④交通基础设施（road），采用公路密度，即公路里程与区域面积的比值来测度。我国幅员辽阔，各地自然环境和禀赋存在巨大差异，而交通基础设施建设能够弥补地理位置不同带来的资源禀赋约束。因此，交通基础设施也是影响区域包容性增长的重要因素。

二、用县级数据度量地区收入分布状况的挑战

中国的地区收入分布能度量到什么层级取决于可得的经济产出水平数据层级。目前比较容易获取的是省级和地级市层面的人均 GDP；如果想进一步计算市内总的泰尔指数，就需要有较为准确的县级实际人均 GDP 数据。但采用现有统计数据来计算市内泰尔指数还存在较多缺陷或困难。

先需要处理计算县级人均 GDP 数据时面临的 GDP 和人口数据缺失问题。本章在表 1-1 中报告了县层面 GDP 和人口统计数据的缺失情况[①]。表 1-1 统计了 GDP、常住人口和户籍人口这三项指标都不缺失、缺失一项、缺失两项和都缺失的情况，并据此计算了缺失比和都缺失比，其中缺失比指仅缺失一项的占比；都缺失比是指 GDP 和人口数据都缺失的县的占比。可以看到，至少缺失一项指标的县在各年占比虽有波动，但大多数年份都缺失 25% 以上，2018 年的至少缺失一项占比更达到了 31.88%。对缺失一项或者两项数据的县，还可以采用插补等方法来近似；但要插补 GDP 和人口指标都缺失的县的数据，则需要采用更强的假定、插补数据也更不容易准确。从都缺失占比来看，大部分年份都有超过 7% 的县存在 GDP 和人口数

---

① 县级层面的 GDP 和人口数据来源于历年《中国县域统计年鉴》《中国区域经济统计年鉴》。

据都缺失的情况，2018 年这一缺失是 8.49%。

表 1-1　县级层面 GDP 和人口数据缺失情况

年份	（1）都不缺失	（2）缺常住人口	（3）缺户籍人口	（4）缺GDP	（5）缺GDP和常住人口	（6）缺GDP和户籍人口	（7）都缺失	（8）总计	(1-（1）)/（8）缺失比（%）	（7）/（8）都缺失比（%）
2011	2051	86	83	321	33	8	266	2853	28.11	9.32
2012	2161	89	73	227	33	3	240	2852	24.23	8.42
2013	2359	51	74	73	32	2	240	2853	17.32	8.41
2014	2367	41	74	104	17	2	226	2854	17.06	7.92
2015	2330	84	119	84	17	0	152	2850	18.25	5.33
2016	2087	322	117	84	18	0	155	2851	26.80	5.44
2017	2022	369	70	116	18	0	208	2851	29.08	7.30
2018	1942	376	118	117	4	1	242	2851	31.88	8.49

如果县级数据缺失为随机缺失，那么采用插补方法或者丢弃缺失样本不会造成严重偏差；但如果缺失非随机，那么无论是采用都不缺失样本，还是采用插补过的数据，都面临因变量本身就存在系统性测量误差的问题。为此，本章进一步检验县 GDP 和人口数据是否随机缺失。本章用虚拟变量 D_1、D_2 和 D_3 分别记录常住人口、户籍人口和 GDP 的缺失情况，其中当样本缺失时变量取值为 1，反之为 0，再将县 GDP 和人口（自然对数）对上述变量作回归，并在表 1-2 中报告估计结果，其中，列（1）至列（4）以 GDP 为因变量来评估人口缺失是否随机，列（5）至列（8）以人口为因变量评估 GDP 缺失是否随机。

表1-2　县级人口和 GDP 数据随机缺失检验

	（1）	（2）	（3）	（4）	（5）	（6）	（7）	（8）
	lnGDP	lnGDP	lnGDP	lnGDP	ln（常住人口）		ln（户籍人口）	
D₁（常住人口缺失 =1）	0.343***（11.76）	0.252***（8.51）	—	—	—	—	—	—
D₂（户籍人口缺失 =1）	—	—	0.652***（17.75）	0.623***（17.06）	—	—	—	—
D₃（GDP缺失 =1）	—	—	—	—	0.059**（2.23）	0.067**（2.48）	−0.018（−0.68）	−0.017（−0.65）
时间固定效应	否	是	否	是	否	是	否	是
样本量	19772	19772	19772	19772	19189	19189	20035	20035
R^2	0.007	0.023	0.016	0.034	0.000	0.001	0.000	0.000

注：*、** 和 *** 分别表示在10%、5% 和1% 的水平下显著，括号内为 t 统计值。

可以看到，我国常住人口缺失的区县和未缺失区县的 GDP 存在显著性差异（列（1）），在控制了时间固定效应后的结论依然成立（列（2）），这说明从 GDP 角度看我国区县的常住人口缺失并非随机。如果考察户籍人口的缺失情况，也可以得出类似结论（列（3）和列（4））。列（5）至列（8）的估计结果显示，从常住人口角度来看，县级层面的 GDP 缺失也是非随机的。虽然 GDP 缺失相对于户籍人口不存在显著性差异，但由于户籍人口缺失本身非随机，并不能得出 GDP 缺失是随机缺失的结论。因此表1-2传达的主要信息是，县 GDP 和人口数据的缺失状况并非随机缺失。值得注意的是，无论是采用常住人口还是采用户籍人口来计算人均 GDP，由于表1-2都报告了 GDP 比较高的县人口数据缺失的可能性更大，这意味着如果不插补数据而直接计算人均 GDP 后在计算地区收入分布状况，GDP 高的县更可能因为人口数据缺失而无法计算人均 GDP，从而给地区收入分布的计算带来系统性偏差。但如果要插补数据，在缺失非随机的情况下如何插补才不带来额外偏差，又是具有挑战的问题。

即使本章解决了上述数据缺失问题，基于县 GDP 和人口数据计算人均 GDP 也仅是名义人均 GDP，尚未别除物价水平的影响。要计算实际人均 GDP 还需要对县域层面物价水平的有效度量，由于目前尚缺乏这一指标，计算县实际人均 GDP 也存在困难。总体来说，这些困难都是源于在县层面，由于噪声较更高层级数据更大因而信噪比更低，数据的准确性更容易受到异常值、冲击和波动的影响。

三、基于灯光数据构造县级人均 GDP

由于灯光数据提供了相对客观的信息，在 GDP 数据存在较严重测量误差的情况下，采用夜间灯光亮度来构造 GDP 代理变量就成为解决这一问题的新途径。文献发现，夜间灯光亮度和经济发展之间的密切关系（Chen 和 Nordhaus，2011；Henderson 等，2012；徐康宁等，2015；Tanaka 和 Keola，2017），也有部分相关文献直接采用夜间灯光亮度作为经济产出的代理变量。然而，王贤彬等（2017）的实证研究发现，1992~2012 年的人均夜间灯光亮度在省域之间存在收敛性，但人均 GDP 却不存在收敛性。因此，直接采用夜间灯光亮度作为人均 GDP 的代理变量并不精确。产生这种现象的一个可能原因是灯光亮度与人均 GDP 之间的关系未必是线性相关而可能是对数线性关系（Chen 和 Nordhaus，2011；Henderson 等，2012）。另一个重要原因是灯光亮度的提高反映了一种经济活动现象，如电力消费（王贤彬等，2017），在决定地区人均 GDP 的因素方面，灯光亮度虽然能够显著影响经济产出，但并不能完全代表人均 GDP。

Lessmann 和 Seidel（2017）在采用灯光数据研究地区收入时采用了不

一样的思路。他们首先实证估计了有收入数据区域的灯光亮度数据和区域收入之间的关系，并利用这一关系去预测有灯光但是没有收入区域的收入，进而计算国家内部区域收入分布状况，并研究国家内部收入分布变化的主要决定因素。本章借鉴 Lessmann 和 Seidel 的研究思路，采用夜间灯光亮度数据近似县级人均实际经济产出，从而可以从县层级展开研究。

具体来说，本章首先采用地市级数据估计下述模型：

$$\ln pgdp_{it} = \alpha_i + \beta \ln DN_{it} + u_{4it} \qquad (1-5)$$

其中，pgdp 表示地级市层面的实际人均 GDP，根据 GDP 平减指数调整为 2011 年的不变价水平；α_i 表示地级市固定效应，变量 DN 表示地级市的平均灯光亮度，由 DN 总值/栅格数计算得到。在模型（1-5）的设定下，影响地区人均 GDP 的因素包括灯光亮度、城市异质性和误差。由于我国地域辽阔，城市之间存在显著的异质性，在高原、山地和平原等地区，卫星观测到的灯光亮度也会受到影响。要用灯光亮度来近似经济发展水平，需要剔除地形等因素导致的灯光亮度差异；由于在同一个城市内部地形等因素较为接近，控制地级市固定效应后，在城市内部的灯光亮度差异应能够更好地反映县域间的经济差异状况。我们采用固定效应得到估计系数后，将县级层面的灯光亮度数据代入模型（1-5），以预测值作为对县级人均实际 GDP 的估计值。

为了检验上述测算结果的合理性，本章首先比对上述灯光预测 GDP 和县人均 GDP（基于常住人口计算人均 GDP，根据 GDP 平减指数调整到 2011 价格水平）的差异，并在图 1-1 中给出在 2013 年和 2018 年的散点图。图 1-1 显示，县级人均 GDP 估计值和官方统计数值存在显著正相关但不完全相同，其相关系数为 0.79[①]。但如果计算县级灯光亮度对数值与县实际人均 GDP 之

---

① 基于户籍人口计算得到的人均 GDP 和估算得到的人均 GDP 同样存在显著的正相关关系，相关系数高达 0.8085。

间的相关系数，则得到相关系数为 0.49，显著低于估算值与官方统计数值的相关系数，这也表明直接采用灯光数据来近似县 GDP 存在较大的信息损失，采用先控制固定效应估计 GDP 的预测值可能是更合理的县 GDP 近似指标。

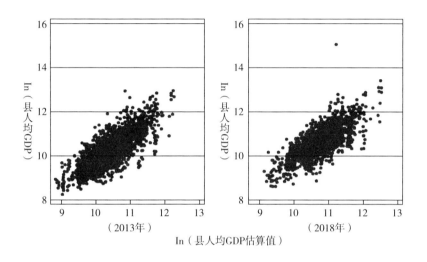

图 1-1　县级人均 GDP 统计值与估算值的散点图

为了评估灯光数据来估计收入的合理性，我们在表 1-3 中提供几种不同方法计算省内部的总泰尔指数、地级市间和地级市内泰尔指数。表 1-3 有三个主要特点。第一，基于户籍人口计算的泰尔指数显著高于基于常住人口计算的泰尔指数。这也反映了由于存在大量的流动人口，大城市的净人口流入为正，如北京在 2019 年的常住人口为 2153.6 万，而户籍人口仅为 1397.4 万，基于户籍人口计算得到的人均 GDP 偏高，而落后地级市基于户籍人口计算得到的人均 GDP 偏低，导致基于户籍人口计算得到的地级市间泰尔指数会显著高估真实的泰尔指数。第二，采用插值拟合得到的泰尔指数估计高于采用均有观测值的数据，这和前面观察到的现象一致。第三，基于上述分析，采用常住人口计算人均GDP更合理，而实际泰尔指数应该是采用所有有观测值的区县的数据计算（0.2047）和采用插值拟合值（0.2588）。我们看到，基于灯光数据估计出的省内总泰尔指数为0.2112，符合上述判断。另外，无论采用哪种计算方法，我们都观察到基于县GDP的地级市间泰尔指数大于地级市内泰尔指数，而基于灯光数据估算值计算出的泰尔指数也是如此，这也表明灯光数据估计的县GDP抓住了区域间收入分布的主要特征。

表1-3 泰尔指数计算结果

泰尔指数计算结果对比（平均值）	省总指数（Theil）	省内市间（Theil_bt）	省内市内（Theil_wi）
2013~2018年均有观测值的区县（常住人口）	0.2047	0.1250	0.1004
基于插值拟合后得到的区县（常住人口）	0.2588	0.1578	0.1241
2013~2018年均有观测值的区县（户籍人口）	0.3476	0.2714	0.0946
基于插值拟合后得到的区县（户籍人口）	0.4139	0.3103	0.1335
基于灯光数据估计值计算结果	0.2112	0.1368	0.0911

四、我国经济区域不平衡主要特征

（一）泰尔指数的时间趋势

我国各省份泰尔指数（平均值）的时间变化如图1-2所示。图1-2传递的第一个信息是，泰尔指数、地级市内和地级市间泰尔指数总体均为下降，这表明我国省内总体、地级市内和地级市间经济呈现出了包容性增长，这和许宪春等（2019）构建的清华大学中国平衡发展指数的发现一致。图1-2传递的第二个信息是，地级市间泰尔指数相对较大，大约是地级市内泰尔指数的1.5倍，说明我国地级市内的包容性增长相对更为明显。

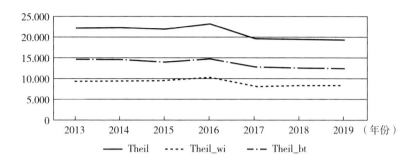

图 1-2　我国各省份泰尔指数的变化趋势

（二）泰尔指数的区域差异

为探究数字金融的发展水平是否有助于促进南北地区之间的包容性增长，本章首先描述南方和北方地区泰尔指数的变化。在表 1-4 中报告了泰尔指数在 2013 年和 2018 年的描述性统计（平均值）。结果显示，南北方地区的泰尔指数均在时间上呈现出了下降的变化趋势，说明南北方地区的省内呈现了包容性增长。从地区差异来看，北方地区的泰尔指数高于南方地区；并且北方省份之间的泰尔指数要明显高于南方地区（如 2018 年北方省间泰尔指数为 0.155，而南方为 0.104）。这和清华大学中国经济社会数据研究中心（2020）发现的结论一致。

表 1-4　省内泰尔指数的南北差异

年份	省总指数（Theil）	省内市间（Theil_bt）	省内市内（Theil_wi）
	南方地区		
2013	0.199	0.126	0.084
2018	0.166	0.104	0.072
年份	北方地区		
2013	0.253	0.174	0.107
2018	0.233	0.155	0.101

第四节 数字普惠金融与区域间包容性增长的实证估计

本节报告实证估计结果。首先，报告数字普惠金融发展对省内包容性增长的影响。其次，提供稳健性检验和异质性分析。最后，研究数字普惠金融影响区域间包容性增长的传导机制。

一、数字普惠金融与省内包容性增长：基于泰尔指数回归模型

表1-5报告了基于模型（1-2）至模型（1-4）评估出的数字普惠金融发展水平对包容性增长的影响，因变量分别为省内总泰尔指数、分解后的市间和市内泰尔指数。为了评估是否需要采用灯光数据来近似县人均实际GDP，表1-5还比较了三种对县经济产出的处理方法：基于灯光数据估计县实际人均GDP的拟合值（列（1）至列（3））、均有观测值的区县（列（4）至列（6））和基于插值拟合方法补充部分区县样本后得到（列（7）至列（9））的估计结果。

在表1-5中，采用灯光数据计算的泰尔指数有如下主要相关发现：数字普惠金融的发展均有利于促进区域收入包容性增长，这不仅包括促进省内总的包容性增长，也会促进同一省内不同市之间的包容性增长以及市内的包容性增长。这一发现是在控制了当地传统金融发展程度、就业人员平均受教育年限、当地的财政实力以及以交通便利程度为代表的基础设施情况下得到的。这些证据表明，无论是在地级市之间还是地级市内部，数字普惠金融总体效果表现为"数字红利"。控制变量相关结果显示，传统金融发展有助于推动包容性增长；财政支出规模较大的省市可能更要关注省内市间的包容性增长；人力资本水平、交通基础设施建设水平的提高有助于促进省市内的包容性增长。

表1-5　数字普惠金融对省内包容性增长的影响

	基于灯光			均有观测值			插值拟合		
	（1）	（2）	（3）	（4）	（5）	（6）	（7）	（8）	（9）
	省总指数	省内市间	省内市内	省总指数	省内市间	省内市内	省总指数	省内市间	省内市内
数字金融	-0.915***	-0.585***	-0.458***	-2.294***	-0.867	-1.298***	-3.631***	-1.608***	-2.076***
	（-3.59）	（-3.41）	（-3.23）	（-2.85）	（-1.49）	（-2.65）	（-4.58）	（-3.14）	（-4.02）
传统金融	-0.311	-0.675*	0.479	-2.735*	-2.171*	-0.609	3.523***	0.681	2.778***
	（-0.56）	（-1.80）	（1.54）	（-1.77）	（-1.93）	（-0.65）	（2.77）	（0.83）	（3.35）
财政支出	6.436	10.734*	-2.156	-8.226	4.137	-10.375	-2.984	9.619	-5.908
	（0.78）	（1.95）	（-0.47）	（-0.36）	（0.25）	（-0.74）	（-0.16）	（0.79）	（-0.48）
教育年限	-0.631	-0.156	-0.705**	2.305	0.509	0.628	0.291	-0.362	-0.365
	（-1.02）	（-0.37）	（-2.04）	（1.35）	（0.41）	（0.60）	（0.21）	（-0.41）	（-0.41）
交通便利	-0.906	-1.542**	0.836	1.922	0.994	0.564	5.785	3.312	1.616
	（-0.86）	（-2.19）	（1.43）	（0.55）	（0.39）	（0.26）	（1.59）	（1.41）	（0.68）
样本量	217	217	217	156	156	156	180	180	180
R^2	0.357	0.408	0.231	0.301	0.199	0.246	0.179	0.133	0.178

注：*、**和***分别表示在10%、5%和1%的水平下显著，括号内为t统计值。控制变量包含了省固定效应。

表1–5还显示，虽然普惠金融指数的影响无论采用哪种县级数据计算都稳健，但其他控制变量的估计效果存在较大差异。以传统金融的作用为例：采用灯光预测出的经济产出数据总体上反映传统金融发达省份市间泰尔指数更小；但如果采用实际GDP数据，列（4）至列（6）中传统金融发展系数为负且整体较为显著，强调了传统金融发达省份省内总的泰尔指数和市间泰尔指数更低；而如果采用列（7）至列（9）的估计结果，就会发现传统金融发达省份省内泰尔指数和城市内部泰尔指数更高。再以财政支出、受教育年限和交通便利程度为例：基于GDP的分析（列（4）至列（9））却显示这些因素对于促进包容性增长没有统计上显著的作用，无论是采用均有观测值的数据，还是采用有插值拟合的数据，这和文献中记载的人力资本、交通等基础设施有助于促进包容性增长的发现不符（Seneviratne和Yan，2013；倪鹏飞等，2014）。由于直接采用现有的GDP数据得到的结论会存在参数估计不稳健、方向和显著性与文献发现的经验事实不符等问题，因此下文将以基于灯光数据估算得到的县级人均GDP为计算泰尔指数的基准指标。

二、覆盖广度和使用深度对省内包容性增长的影响

本章进一步在表1–6中报告了数字普惠金融的覆盖广度和使用深度对省内包容性增长的影响。表1–6的估计结果显示，覆盖广度和使用深度变量的估计系数均为负且通过了1%水平下的显著性检验，这说明数字金融覆盖广、使用频繁的省份、省内总的泰尔指数、省内市间和省内市内的泰尔指数都更低。由于数字金融覆盖广度强调的是提供足够的金融服务，使用深度强调的是数字金融服务的有效需求。这说明数字金融表现出的"数字红利"不仅体现在地级市之间，也体现在地级市内部。

表1-6　覆盖广度和使用深度对省内包容性增长的影响

	（1）	（2）	（3）	（4）	（5）	（6）
	省总指数	省总指数	省内市间	省内市间	省内市内	省内市内
覆盖广度	-1.100*** （-4.28）	—	-0.712*** （-4.12）	—	-0.513*** （-3.56）	—
使用深度	—	-1.493*** （-7.50）	—	-0.821*** （-5.87）	—	-0.779*** （-6.96）
样本量	217	217	217	217	217	217
R^2	0.374	0.474	0.424	0.471	0.240	0.359

注：*、** 和 *** 分别表示在10%、5% 和 1% 的水平下显著，括号内为 t 统计值。控制变量包括传统金融、财政支出规模、就业人员平均受教育年限、交通便利程度、省固定效应等。

三、稳健性检验

本部分从五个方面检验上述发现的稳健性。一是考虑控制内生性的工具变量估计；二是考虑设定上直辖市不同于其他地级市的问题；三是考虑基于灯光数据估算县级人均GDP的估计模型设定问题；四是考虑不同的因变量测算方法；五是将因变量从泰尔指数换成城市经济发展水平。

（一）内生性问题的处理：工具变量估计

模型（1-2）至模型（1-4）中数字金融变量可能会存在内生性问题，现有文献中常用的工具变量包括互联网普及率、移动电话普及率、到杭州的距离等，本章采用各省份的互联网普及率和移动电话普及率作为工具变量时的结果仍然发现，数字普惠金融显著促进了省内经济总体包容性增长、地级市间和地级市内的包容性增长。但互联网普及率和移动电话普及率由于和当地经济发展很可能存在直接关联，可能并不是一个合理的工具变量。到杭州的距离相对是一个较为外生的工具变量，但由于各省份省会到杭州的距离不变，对本章所使用的面板数据回归而言，无法进行工具变量估计。

对此，在以各省份省会到杭州的距离（对数）作为工具变量时，本章从截面维度即在模型中不控制省固定效应而控制时间固定效应进行估计。估计结果仍然显示数字普惠金融能够显著促进省内包容性增长。

本章以各省份相邻省市的数字普惠金融发展水平均值作为工具变量①，这一选择基于如下观察：数字普惠金融的发展存在明显的空间集聚效应（郭峰等，2020），但相邻省市的数字普惠金融发展不会直接影响本省的经济发展。第一阶段的估计结果显示，相邻省市数字普惠金融发展水平均值通过弱工具变量检验（见表1-7）。

表1-7　数字金融与省内包容性增长：第一阶段估计结果

因变量	（1）	（2）	（3）
	数字金融	覆盖广度	使用深度
相邻省市数字普惠金融	1.014*** （106.87）	0.961*** （45.79）	0.881*** （14.98）
样本量	217	217	217
R^2	0.997	0.984	0.856
Wald-F统计量	11420.46	2096.94	224.42

注：*、** 和 *** 分别表示在10%、5% 和1% 的水平下显著，括号内为t统计值。控制变量包含传统金融、财政支出、受教育年限和交通便利程度，以及省固定效应。

表1-8报告了采用工具变量的估计结果。结果显示数字金融发展对省内经济总体泰尔指数、地级市间和地级市内部的泰尔指数均产生了显著的负向影响，核心结论与前文一致。此外，各控制变量的估计系数符号仍然可以得到与前文（表1-5列（1）至列（3））一致。

---

① 其中由于海南和广东经济联系紧密，数据处理上按照相邻省份处理。

表1-8 数字金融与省内包容性增长：工具变量估计结果

	省总指数			省内市间			省内市内		
	(1)	(2)	(3)	(4)	(5)	(6)	(7)	(8)	(9)
数字金融	-0.965*** (-3.75)	—	—	-0.611*** (-3.54)	—	—	-0.475*** (-3.32)	—	—
覆盖广度	—	-1.020*** (-3.81)	—	—	-0.646*** (-3.58)	—	—	-0.502*** (-3.34)	—
使用深度	—	—	-1.111*** (-4.11)	—	—	-0.704*** (-3.73)	—	—	-0.547*** (-3.59)
传统金融	-0.240 (-0.43)	-0.194 (-0.35)	-0.136 (-0.26)	-0.639* (-1.70)	-0.609 (-1.62)	-0.572 (-1.55)	0.502 (1.61)	0.524* (1.67)	0.553* (1.86)
财政支出	6.090 (0.74)	5.437 (0.67)	2.938 (0.38)	10.558* (1.91)	10.145* (1.85)	8.562 (1.59)	-2.268 (-0.50)	-2.589 (-0.57)	-3.818 (-0.88)
教育年限	-0.553 (-0.89)	-0.513 (-0.83)	-0.589 (-1.05)	-0.117 (-0.28)	-0.091 (-0.22)	-0.139 (-0.36)	-0.679* (-1.96)	-0.660* (-1.89)	-0.697** (-2.20)
交通便利	-0.837 (-0.80)	-0.659 (-0.63)	-0.846 (-0.88)	-1.507** (-2.14)	-1.394* (-1.97)	-1.513** (-2.26)	0.858 (1.47)	0.946 (1.60)	0.854 (1.58)
样本量	217	217	217	217	217	217	217	217	217

注：*、**和***分别表示在10%、5%和1%的水平下显著，括号内为t统计值。控制变量包含了省固定效应。

（二）删除直辖市

在度量各省份内部的泰尔指数时，直辖市的处理与非直辖市不同，北京、天津、上海和重庆的直辖市间泰尔指数和地级市内泰尔指数均按总泰尔指数度量。为此本章剔除直辖市样本再作估计。结果显示数字普惠金融对省内包容性增长的影响与前文基本一致，说明删除直辖市并不影响前文的研究结论（见表1–9）。

（三）县级人均GDP估计：控制时间固定效应

本章在采用模型（1–5）估计县级人均GDP时并未控制时间固定效应，由于卫星老化和接收传感器敏感度随时间推移可能会发生变化，因此在模型（1–5）中引入时间固定效应是更合理的设定。本章通过引入时间固定效应得到的县级人均GDP预测值计算出各省泰尔指数重新进行估计，结果如表1–10所示，数字普惠金融总体发展程度、覆盖广度、使用深度对省内经济总体泰尔指数、地级市间泰尔指数和地级市内泰尔指数的影响均为负且显著[①]。

（四）替换因变量测度指标：基尼系数

本章采用其他度量指标来检验稳健性，主要是基尼系数。由于基尼系数不可分解，本章将模型（1–2）中的因变量替换为各省的基尼系数作为新的因变量指标作估计，结果仍然稳健，即说明数字金融能够显著缩小促进省内的包容性增长（见表1–11）。

---

① 本章还尝试了直接采用各县的灯光亮度计算各省的泰尔指数（等价于在模型（1–5）中不控制城市固定效应），然后再估计模型（1–2）至模型（1–4）。结果显示，与前文结论一致，数字普惠金融总体发展、覆盖广度和使用深度对省内经济不平衡产生了显著负向影响；但是控制变量的估计系数多数不显著，这也表明直接采用灯光数据产生的信息损失存在一定代价。

表 1-9　数字金融与省内包容增长：删除直辖市

	省总指数			省内市间			省内市内		
	（1）	（2）	（3）	（4）	（5）	（6）	（7）	（8）	（9）
数字金融	-0.898*** （-3.14）	—	—	-0.510*** （-2.73）	—	—	-0.389** （-2.60）	—	—
覆盖广度	—	-1.049*** （-3.69）	—	—	-0.619*** （-3.33）	—	—	-0.429*** （-2.88）	—
使用深度	—	—	-1.741*** （-7.58）	—	—	-0.879*** （-5.52）	—	—	-0.862*** （-7.16）
样本量	189	189	189	189	189	189	189	189	189
R^2	0.360	0.374	0.502	0.408	0.421	0.481	0.195	0.202	0.367

注：*、**和***分别表示在10%、5%和1%的水平下显著，括号内为 t 统计值。控制变量包含传统金融、财政支出、受教育年限和交通便利程度，以及省固定效应。

表 1-10 数字金融与省内包容性增长：变更县级人均 GDP 估算模型

	省总指数			省内市间			省内市内		
	(1)	(2)	(3)	(4)	(5)	(6)	(7)	(8)	(9)
数字金融	-0.054* (-1.95)	—	—	-0.048* (-1.82)	—	—	-0.010** (-2.56)	—	—
覆盖广度	—	-0.072** (-2.56)	—	—	-0.064** (-2.40)	—	—	-0.012*** (-2.82)	—
使用深度	—	—	-0.102*** (-4.50)	—	—	-0.086*** (-3.88)	—	—	-0.021*** (-6.60)
样本量	217	217	217	217	217	217	217	217	217
R²	0.352	0.361	0.405	0.346	0.355	0.386	0.237	0.243	0.363

注：*、** 和 *** 分别表示在 10%、5% 和 1% 的水平下显著，括号内为 t 统计值。控制变量包括传统金融、财政支出规模、就业人员平均受教育年限、交通便利程度、省固定效应等。

表1-11　数字金融与省内包容性增长：替换不平衡指标（基尼系数）

	（1）	（2）	（3）
	Gini	Gini	Gini
数字金融	−0.006*** （−3.29）	—	—
覆盖广度	—	−0.007*** （−3.82）	—
使用深度	—	—	−0.011*** （−7.50）
样本量	217	217	217
R^2	0.360	0.372	0.483

注：*、** 和 *** 分别表示在 10%、5% 和 1% 的水平下显著，括号内为 t 统计值。控制变量包括传统金融、财政支出规模、就业人员平均受教育年限、交通便利程度、省固定效应等。

（五）从城市经济发展水平角度来评估

上述估计都是以度量不平衡程度的指数为因变量，如果上述发现稳健，那么当因变量换成城市经济发展水平时，就应观察到数字普惠金融对小城市或落后城市经济增长的促进作用更大。因此，本章以各地级市劳均 GDP（GDP/ 就业人数，根据 GDP 平减指数折算为 2011 年不变价水平）的自然对数作为因变量，以数字金融发展水平作为核心解释变量，并采用分位数回归方法进行估计[①]。估计结果显示随着分位点的提高，数字金融及其子维度变量的估计系数均确实表现为下降趋势（见表 1-12）。

[①]　此部分数据来源于《中国城市统计年鉴》《中国区域经济统计年鉴》《中国统计年鉴》等。控制变量包括各市财政支出规模（财政支出与 GDP 的比值），由于地级市层面数据缺失相对较多，平均受教育年限、交通便利程度、传统金融发展水平以各省层面的数据进行代理，并参考梁婧等（2015）的做法，控制了各市就业人数（单位从业人员加上城镇私营和个体从业人员数）和资本投入（固定资产投资额，根据各省固定资产投资价格指数折算为 2011 年不变价水平）的自然对数。为控制可能存在的遗漏其他随时间变化的趋势变量和内生性问题，本章对劳动投入和资本投入外的其他控制变量均做滞后一期处理并控制时间趋势变量和地级市固定效应。

表 1-12　数字金融对地级市经济增长的影响：分位数估计

	（1）	（2）	（3）	（4）	（5）	（6）	（7）	（8）	（9）
分位点	0.25	0.5	0.75	0.25	0.5	0.75	0.25	0.5	0.75
数字金融	0.043***（2.63）	0.023**（2.11）	−0.001（−0.05）	—	—	—	—	—	—
覆盖广度	—	—	—	0.031**（2.43）	0.014（1.61）	−0.003（−0.32）	—	—	—
使用深度	—	—	—	—	—	—	0.016**（2.36）	0.012**（2.26）	0.007（1.00）
样本量	1627	1627	1627	1627	1627	1627	1627	1627	1627

注：*、** 和 *** 分别表示在 10%、5% 和 1% 的水平下显著，括号内为 t 统计值。因变量为劳均 GDP（GDP/ 就业人数）的自然对数，控制变量包括地级市层面财政支出规模、省层面传统金融、就业人员平均受教育年限、交通便利程度、劳动投入、资本投入、时间趋势、市固定效应等。

四、异质性分析

由于中国各地区的经济环境存在显著差异，数字金融发展对各地区经济增长的影响会由于经济环境的差异而不同，数字普惠金融对各地区包容性增长的影响也会产生显著性差异。本部分从直辖市和非直辖市、南方和北方等角度考察数字金融的异质性影响。

（一）直辖市与非直辖市差异

本部分首先考察直辖市和非直辖市省份之间，数字金融发展水平对促进包容性增长是否有不同的作用。具体来说，在模型（1-2）至模型（1-4）的基础上加入直辖市虚拟变量 mducg（当地区为直辖市时取值为 1，反之为 0）、provcd（当地区为直辖市时取值为 0，反之为 1）与数字普惠金融变量交互项后的估计结果如表 1-13 所示[①]。控制变量估计结果得到的结论与前

---

① 刻画对直辖市和非直辖市省份影响的常见设定是同时控制普惠金融指数和一个关于直辖市的虚拟变量。为了能同时展示对直辖市和非直辖市省份的影响，本部分在设定中采取没有放普惠金融指数水平值，而同时放入两个虚拟变量的设定。在对南北差异的分析中，也作了类似处理。

文基本一致，在此不再重复讨论。表 1-13 的估计结果显示，数字金融更能
促进非直辖市省份内部的包容性增长，这一结果是可以理解的，因为直辖
市的经济、人力资本等发展水平相对较高，直辖市内各区的经济发展相对
接近，发展水平相对较为接近，如数字金融的发展在直辖市省份的普惠性
质相对不明显。而数字金融的发展在非直辖市省份则更大程度上表现出了
普惠性质，能够更有效地促进省内包容性增长。

表 1-13 数字金融与省内包容性增长：直辖市与非直辖市差异

	省总指数		
	（1）	（2）	（3）
index × mducg	−0.522 （−1.31）	—	—
index × provcd	−0.971*** （−3.76）	—	—
index$_1$ × mducg	—	−0.733* （−1.71）	—
index$_1$ × provcd	—	−1.129*** （−4.37）	—
index$_2$ × mducg	—	—	−0.804** （−2.49）
index$_2$ × provcd	—	—	−1.661*** （−8.08）
样本量	217	217	217
R^2	0.363	0.378	0.495

注：*、** 和 *** 分别表示在 10%、5% 和 1% 的水平下显著，括号内为 t 统计值。变量 mducg
指直辖市；provcd 指非直辖市。控制变量包括传统金融、财政支出规模、就业人员平均受教育年
限、交通便利程度、省固定效应等。

（二）数字金融与省内经济差异：南北差异

为了进一步从南北差异角度来评估数字金融的作用，本部分在表 1-14 中报告了南方和北方地区虚拟变量（south、north）与数字金融变量交互项后的估计结果①。可以看到，数字金融的发展有助于促进各区域内的省内包容性增长，尤其是促进南方地区内部的包容性增长。一个可能的原因在于南方和北方地区的市场环境存在显著性差异，数字普惠金融发展的普惠性质在南方地区体现得更为明显。以发展迅速的"淘宝村"为例，2020 年我国的"淘宝村"主要集中在浙江、广东、江苏、福建等南方省份②。数字金融的发展快速推动了南方地区"淘宝村"的增长，对北方地区"淘宝村"的发展也有推动作用，但影响相对南方地区较小。因此，数字金融促进省内包容性增长的效果在南方地区表现得更为明显。

表 1-14　数字金融与省内包容性增长：南北差异

	（1）	（2）	（3）
	省总指数	省内市间	省内市内
Panel A			
index × north	−0.552 （−1.62）	−0.600** （−2.60）	−0.257 （−1.36）
index × south	−0.961*** （−3.76）	−0.584*** （−3.37）	−0.484*** （−3.40）
Panel B			
$index_1$ × north	−0.846** （−2.50）	−0.786*** （−3.45）	−0.338* （−1.79）

① 地区分类参考《清华大学中国平衡发展指数报告（2019 年）》。
② 资料来源：阿里研究院。

续表

	（1）	（2）	（3）
	省总指数	省内市间	省内市内
$index_1 \times south$	−1.142*** （−4.40）	−0.699*** （−4.00）	−0.542*** （−3.73）
Panel C			
$index_2 \times north$	−1.457*** （−5.34）	−0.959*** （−5.02）	−0.769*** （−5.01）
$index_2 \times south$	−1.504*** （−7.23）	−0.778*** （−5.33）	−0.783*** （−6.69）
样本量	217	217	217

注：*、** 和 *** 分别表示在 10%、5% 和 1% 的水平下显著，括号内为 t 统计值。变量 north，south 分别表示北方和南方地区。控制变量包括传统金融、财政支出规模、就业人员平均受教育年限、交通便利程度、省固定效应等。

五、数字金融影响区域间包容性增长的传导机制

前文分析显示，数字金融的发展有助于促进省内各地区的包容性增长。需要进一步理解的是数字金融发展产生上述效果的具体机制。基于文献对创新和转型升级作用的讨论，本部分从创新和产业转型升级等角度来探讨。其中，创新程度用各省专利申请数的自然对数来衡量，转型升级则以第二产业、第三产业增加值之和占 GDP 比重（第三产业 + 第二产业），和第三产业增加值 / 第二产业增加值（第三产业 / 第二产业）来刻画。

如果这两者是数字金融影响区域不平衡的机制，那么不仅应当观察到数字金融对一个地区的创新和转型升级有影响，同时也应能看到这两者对包容性增长的影响。为此我们先估计数字金融与创新以及转型升级的关系，我们估计

$$y_{1it} = \alpha_{1i} + \beta_1 index_{it-1} + \beta_2 X_{it-1} + u_{5it} \qquad (1-6)$$

其中，变量 y_1 分别是创新程度、第三产业 / 第二产业和"第三产业 + 第二产业"，X 是前文所述控制变量。表 1-15 报告了数字金融对产业升级和创新的影响，结果显示数字金融能够显著促进创新和产业转型升级，并且估计系数均在 1% 水平显著[①]。

表 1-15　数字金融对创新和产业转型升级的影响

	创新程度			第三产业 / 第二产业			第三产业 + 第二产业		
	（1）	（2）	（3）	（4）	（5）	（6）	（7）	（8）	（9）
数字金融	0.270*** （7.99）	—	—	0.134*** （5.85）	—	—	0.006*** （4.55）	—	—
覆盖广度	—	0.295*** （8.56）	—	—	0.144*** （6.08）	—	—	0.007*** （4.70）	—
使用深度	—	—	0.147*** （4.87）	—	—	0.054*** （2.73）	—	—	0.006*** （5.65）
样本量	186	186	186	186	186	186	186	186	186
R^2	0.778	0.787	0.727	0.681	0.685	0.627	0.444	0.448	0.478

注：*、** 和 *** 分别表示在 10%、5% 和 1% 的水平下显著，括号内为 t 统计值。控制变量包括传统金融、财政支出规模、就业人员平均受教育年限、交通便利程度、省固定效应等。

进一步地，我们分别评估数字金融是否通过创新和转型升级影响了区域包容性增长，并报告其在省内总体、省内市内和省内市间的表现。表 1-16 的创新相关回归结果显示，在控制了各地创新程度之后，数字金融变量的影响或者不再显著（列（1）和列（4）），或者作用变小（其余列），

[①]　本章采用相邻省市数字普惠金融发展水平均值作为工具变量估计模型（1-6）至模型（1-8），仍然发现数字普惠金融对创新水平产业和转型升级有显著正影响，说明估计结果稳健。

这表明创新是数字金融显著影响包容性增长的证据。就符号来看，回归显示，创新程度越高的地区，省总泰尔指数和省内市间泰尔指数有显著缩小，但数字金融通过创新影响地级市内包容性增长的路径并不明显（列（7）至列（9））。

表 1-16　数字金融与省内包容性增长：创新的传导机制

	省总指数			省内市间			省内市内		
	（1）	（2）	（3）	（4）	（5）	（6）	（7）	（8）	（9）
数字金融	-0.406 （-1.33）	—	—	-0.292 （-1.42）	—	—	-0.318* （-1.84）	—	—
覆盖广度	—	-0.663** （-2.15）	—	—	-0.469** （-2.25）	—	—	-0.391** （-2.23）	—
使用深度	—	—	-1.348*** （-5.86）	—	—	-0.705*** （-4.37）	—	—	-0.796*** （-6.12）
创新程度	-1.698*** （-2.91）	-1.435** （-2.48）	-0.637 （-1.25）	-0.979** （-2.48）	-0.799** （-2.05）	-0.512 （-1.43）	-0.469 （-1.42）	-0.400 （-1.22）	0.071 （0.25）
样本量	217	217	217	217	217	217	217	217	217
R^2	0.386	0.395	0.479	0.428	0.437	0.477	0.240	0.246	0.359

注：*、** 和 *** 分别表示在 10%、5% 和 1% 的水平下显著，括号内为 t 统计值。控制变量包括传统金融、财政支出规模、就业人员平均受教育年限、交通便利程度、省固定效应等。

由于数字金融影响转型升级既可以有通过为中小微企业和个人提供融资的直接效应，也可以通过影响当地的创新能力的间接效应，表 1-17 报告产业转型升级对区域间包容性增长的影响时，也控制了创新程度。结果显示，数字金融通过影响产业转型升级显著促进了省内的区域间包容性增长，这一点对省内总体、省内市间和省内市内的影响均存在。

表 1-17　数字金融与省内包容性增长：转型升级的传导机制

	省总指数			省内市间			省内市内		
	(1)	(2)	(3)	(4)	(5)	(6)	(7)	(8)	(9)
数字金融	0.315 (0.89)	—	—	0.051 (0.21)	—	—	0.165 (0.84)	—	—
覆盖广度	—	-0.004 (-0.01)	—	—	-0.201 (-0.80)	—	—	0.102 (0.50)	—
使用深度	—	—	-1.171*** (-4.47)	—	—	-0.624*** (-3.41)	—	—	-0.629*** (-4.30)
创新程度	-2.288*** (-3.64)	-1.970*** (-3.15)	-0.831 (-1.49)	-1.484*** (-3.44)	-1.246*** (-2.92)	-0.824** (-2.12)	-0.799** (-2.28)	-0.729** (-2.10)	-0.020 (-0.06)
第三产业/第二产业	-3.371*** (-3.45)	-2.932*** (-2.99)	-1.300 (-1.47)	-1.998*** (-2.99)	-1.657** (-2.48)	-1.055* (-1.71)	-2.140*** (-3.93)	-2.050*** (-3.75)	-1.033** (-2.09)
第三产业+第二产业	-28.978* (-1.85)	-24.837 (-1.55)	-6.408 (-0.43)	-0.918 (-0.09)	2.782 (0.25)	9.593 (0.92)	-23.156*** (-2.65)	-22.565** (-2.53)	-11.084 (-1.33)
样本量	217	217	217	217	217	217	217	217	217
R^2	0.430	0.428	0.485	0.455	0.457	0.489	0.317	0.315	0.379

注：*、** 和 *** 分别表示在 10%、5% 和 1% 的水平下显著，括号内为 t 统计值。控制变量包括传统金融、财政支出规模、就业人员平均受教育年限、交通便利程度、省固定效应等。

综合来看，数字金融对创新存在"补短板"效果，这与唐松等（2020）发现的数字金融能够有效校正传统金融中存在的"属性错配""领域错配""阶段错配"问题、并且在金融发展禀赋较差的地区具有更强的企业技术创新驱动效果一致。数字金融也推动了产业结构的优化调整，使劳动力由第一产业向第二产业、第三产业转移，提高了城镇居民和进城农民的收入水平，同时也缓和了农村地区的人地紧张状况，提高了第一产业的劳动生产率和农村居民的收入水平。因此，数字金融通过促进产业转型升级可以促进地级市内市区与各县的包容性增长，促进地级市内包容性增长。总体来看，通过促进创新和转型升级，数字金融促进了省内市间和省内市内的包容性增长，进而影响了省内总的包容性增长，呈现一定的普惠特征。

第五节　进一步分析：数字金融影响区域间包容性增长的微观证据

数字金融可以促进区域间包容性增长的微观基础在于通过为更多的中小微企业和低收入群体提供恰当金融服务，来弥补传统金融发展的不足。如果数字金融确实可以促进包容性增长，那么在企业层面，至少有三方面的微观证据。第一，如果按人均产出高低将企业分层，数字金融对分位点低的企业边际提升应更大；第二，如果以专利来度量初始创新能力，那么数字金融对创新能力较低企业的边际提升更大；第三，数字金融对处在欠发达地区的企业的边际提升更大。

本部分采用上市公司数据考察这些微观证据，模型如下：

$$y_{2it} = \beta_3 index_{it\text{-}1} + \beta_4 Controls + \alpha_{2i} + u_{6it} \tag{1-7}$$

其中，因变量 y_2 分别表示上市公司 i 人均产出（以主营业务收入除以该上市公司员工人数度量）和创新产出（专利申请数）的自然对数；index 表示上市公司所在城市的数字普惠金融发展水平，Controls 表示控制变量，包括上市公司所在省份的传统金融发展水平，所在城市的 GDP 增长率，企业层面的融资约束（经营性现金流/总资产）、资产负债率以及上市公司员工人数的自然对数，上述变量均作滞后一期处理。此部分公司层面数据来源于 Wind 和国泰安 CSMAR 数据库，并剔除了金融行业上市公司。

我们对模型（1-7）采用固定效应回归和控制企业固定效应的分位数回归，并在表 1-18 和表 1-19 分别报告对人均产出和创新产出的估计结果。由表 1-18 可知，总体来看数字普惠金融发展好的地区，上市公司的人均产出更高；并且这一边际提升效果对产出居于下 25% 分为的企业比居于上 75% 的企业更大（0.188 vs. 0.182）。这是数字普惠金融能够显著促进企业间包容性增长的证据。

表 1-18　数字金融对上市公司人均产出的影响

	（1）	（2）	（3）	（4）
	OLS	0.25	0.5	0.75
数字普惠金融	0.185*** （24.37）	0.188*** （16.57）	0.185*** （22.83）	0.182*** （16.01）
样本量	8507	8507	8507	8507

注：*、** 和 *** 分别表示在 10%、5% 和 1% 的水平下显著，括号内为 t 统计值。因变量即为上市公司人均产出的自然对数，控制变量包括省传统金融、市 GDP 增长率、融资约束、资产负债率、员工人数，并控制了企业固定效应。

当创新产出作为因变量时，数字金融显著促进了企业创新产出的提高；并且随着分位点的提高，数字金融变量的估计系数变小，说明数字金融对创新能力较低企业的促进作用更大（表1-19中列（1）至列（4））；进一步看对人均产出的影响可知，随着分位点的提高，创新产出变量的估计系数为下降的变化趋势，说明数字普惠金融显著促进了企业间创新产出的包容性增长，而创新产出也能进一步促进企业间的包容性增长（表1-19中列（5）至列（8））。

表1-19 数字金融对上市公司人均产出的影响：创新的传导机制检验

	专利申请数的自然对数				人均产出的自然对数			
	（1）	（2）	（3）	（4）	（5）	（6）	（7）	（8）
	OLS	0.25	0.5	0.75	OLS	0.25	0.5	0.75
数字金融	0.180*** （10.51）	0.211*** （8.52）	0.179*** （10.60）	0.150*** （6.82）	0.179*** （23.39）	0.180*** （16.30）	0.179*** （21.70）	0.178*** （14.62）
创新产出	—	—	—	—	0.029*** （5.39）	0.033*** （4.13）	0.029*** （4.88）	0.025*** （2.83）
样本量	10144	10144	10144	10144	8507	8507	8507	8507

注：*、** 和 *** 分别表示在10%、5%和1%的水平下显著，括号内为t统计值。控制变量包括省传统金融、市GDP增长率、融资约束、资产负债率、员工人数，并控制了企业固定效应。

第三个渠道是评估数字金融对处于小城市或落后城市上市公司的促进作用是否更大。将所有上市公司按人均产出高低作二等分[①]得到发达城市组和落后城市组，本部分在表1-20中报告回归结果。可以看到，数字金融对发达城市和落后城市上市公司创新产出以及人均产出均有显著正影响。同时，数字金融的促进作用对落后城市的上市公司更大，这不仅体现在创新产出上（表1-20中列（1）和列（2）），也体现在人均产出（表1-20中

---

① 根据人均产出均值作三等分，将样本分成三组进行估计，并不会改变本章的基本结论。

列（3）至列（6））。综合来看，表1-20的信息是，数字金融能够促进落后城市与发达城市上市公司的包容性增长，而同样规模的创新产出，在落后城市的上市公司边际产出的增加更多①。

表1-20　数字金融影响区域间包容性增长的微观基础

	专利申请数的自然对数		人均产出的自然对数			
	（1）	（2）	（3）	（4）	（5）	（6）
	落后城市	发达城市	落后城市	发达城市	落后城市	发达城市
数字金融	0.208*** （6.89）	0.134*** （5.97）	0.201*** （15.65）	0.167*** （17.36）	0.194*** （15.06）	0.162*** （16.60）
创新产出	—	—	—	—	0.035*** （4.64）	0.023*** （3.07）
样本量	4729	4568	4271	4236	4271	4236

注：*、** 和 *** 分别表示在10%、5%和1%的水平下显著，括号内为t统计值。控制变量包括省传统金融、市GDP增长率、融资约束、资产负债率、员工人数，并控制了企业固定效应。

第六节　本章小结

近年来，在认可数字经济发展重要作用的大背景下，存在对数字技术发展是否会拉大"数字鸿沟"、加剧数字平台垄断、通过杀手性并购遏制创新等问题的担忧。在数字技术和金融的领域，数字金融发展对包容性增长的影响究竟是"数字红利"效果占主导，还是扩大"数字鸿沟"为主，就

---

① 本部分主要考察了创新机制而没有考虑转型升级，主要是由于难以度量微观层面企业的转型升级，通过微观企业数据考察数字普惠金融的转型升级效应存在困难。但数字普惠金融能够推动更多的家庭退出农业生产，走进更高收入的工作岗位，在一定程度上支持了数字普惠金融通过产业转型升级影响区域间包容性增长的传导机制。

是一个重要的实证问题。对这一问题的回答，对我国应当如何看待数字金融的普惠性、如何推进普惠金融发展，均具有重要意义。本章从数字普惠金融的发展的角度，评估了数字技术与金融相结合产生的影响。在方法上，本章借助 VIIRS 灯光数据测度县级层面人均实际 GDP，为刻画省内收入分布提供了更丰富的信息，并让考察数字普惠金融对省内、地级市间和地级市内包容性增长的影响成为可能，为从区域均衡发展角度看待数字普惠金融的影响提供了新的视角。

本章有如下主要发现：第一，数字普惠金融显著促进了省内、地级市间和地级市内的包容性增长，数字普惠金融在省内表现为"数字红利"而非"数字鸿沟"，并且数字普惠金融影响省内包容性增长的效果在工具变量估计、删除直辖市、替换估算模型、变更因变量的测算方法等稳健性检验后依然成立。第二，通过异质性检验发现，数字普惠金融对省内包容性增长的影响存在着显著异质性，数字普惠金融促进省内包容性增长的效果在非直辖市和南方地区更大。第三，数字普惠金融通过促进创新和推动转型升级助力推动省内市间和地级市内的包容性增长，因而可以促进省内的包容性增长。第四，数字普惠金融显著促进了落后城市和发达城市上市公司的人均产出和创新产出的包容性增长，故而存在促进区域间包容性增长的微观基础和传导机制。

第二章　数字金融与包容性增长：
国家内部与国家之间视角

　　数字金融与包容性增长是当前中国乃至全世界面临的两大重要课题，两者关系亟待深入研究。在此背景下，本章尝试采用多维数据从国内与国外、宏观与微观、直接与间接等多个视角综合考察数字金融对包容性增长的影响。本章第一节为问题的提出，第二节为研究设计与基本事实，第三节为数字金融与国家内部包容性增长的实证估计，第四节为数字金融与国家间包容性增长的实证估计，第五节为数字金融影响包容性增长的国内启示，第六节为本章小结。

第一节　问题的提出

　　包容性增长问题已经成为全球各国面临的重要挑战之一。按购买力平价（PPP）计算，2021年全球最富有的10%人口拥有全球76%的家庭财富和52%的总收入，而收入最低的50%人口仅占有2%的总财富和8.5%的总收入（见图2-1）。分地区来看，除欧洲以外的每个大地区，底部50%人口的收入占比均未超过15%（拉丁美洲、撒哈拉以南非洲以及中东和北非地区底部 50% 人口的收入占比不到 10%），而最富有的 10% 人口的收入占比在 40%~60%。从财富角度来看，前 10% 人口由发达国家的富人、中产阶级和低收入国的富人组成，这一人群的平均财富增长率低于世界平均水平，但前 1% 人口的财富增长速度却要快得多：1995~2021 年，前 1% 人口拥有全球 38% 的财富，而最富有的 0.1% 的人所拥有的财富份额从 7% 上升到 11%。由上述数据可知，全球范围内的包容性增长问题仍然严峻，如何促进全球包容性增长，是摆在全球各个国家面前迫切需要深入思考的重要议题，而在全面推进共同富裕的战略背景下，这一问题对于中国来说又显得尤为重要。

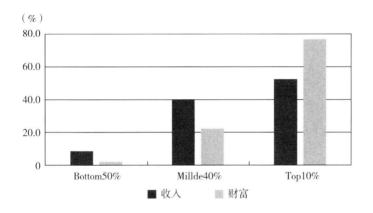

图 2-1 全球财富和收入占比

资料来源：World Inequality Report 2022。

全球收入与财富不平等趋势加剧的同时，以大数据、云计算、区块链、人工智能等为代表的数字技术在发达国家与发展中国家中均取得了高速发展。中国信息通信研究院发布的《全球数字经济白皮书（2022 年）》显示，2021 年，全球 47 个主要国家数字经济增加值规模为 38.1 万亿美元，其中中国数字经济规模达 7.1 万亿美元，占上述所有国家总量的 18.5%，仅次于美国，位居世界第二。基于"技术—经济"范式，数字技术的出现与不断更新最终将导致社会最佳实践方式的颠覆性变化，其实现形式包括产业数字化和数字产业化两类。数字金融作为数字技术在金融行业应用的产物，本质上伴随一系列重要的变革。具体来说，数字金融极大地改变了金融服务的供给方式与金融功能的实现形式，进而对全球居民的生活方式、生产效率以及收入增长产生了显著影响。而这一系列生产和生活方面的变化不禁引发人们思考，数字金融是否导致收入的重新分配以及包容性增长的显著变化？如果是，数字金融对包容性增长的影响如何？

截至目前，已经有大量学者尝试通过直接或间接地分析数字金融与包容性增长关系来回答上述问题（Aker 等，2011；Demir 等，2020；林毅夫等，2020）。但不可否认的是，由于这些研究在视角、方法、数据、内容等方面仍存在明显不足，从而阻碍了相关结果的统一性，而这些不足也为本章提供了努力空间，最终构成了本章的边际贡献：第一，在研究视角方面，已有研究主要从国家内部视角来探索数字金融对居民包容性增长的影响，而对国家之间包容性增长的关注不够。本章在采用多维数据的基础上通过综合考虑国家内部和国家之间两个视角来全面检验数字金融对包容性增长的影响。与此同时，区别既有文献主要从宏观或微观单维角度开展研究，本章在宏观国家层面的分析之后，又以中国上市公司数据为样本，从微观层面检验了数字金融与高收入群体包容性增长的关系，旨在通过对比宏微观结论证明数字金融影响高收入群体包容性增长结论的一致性、稳定性。第二，在研究方法方面，以往研究大多用基尼系数作为收入分配的直接代理指标，而由这一总体指标得出的分析结果往往极易掩盖收入分布变化的"细节"。因此，本章在引入基尼系数做法的基础上，又进一步将各区间人口收入占比作为因变量进行回归，以此详细展示数字金融在不同收入群体上的促进作用，考察数字金融导致包容性增长变动的原因。第三，在研究机制方面，以往研究主要聚焦于揭示数字金融与包容性增长的直接关系，本章在建立数字金融与包容性增长稳定关系事实后，又尝试揭示数字金融影响包容性增长的创新机制，指出创新对高收入群体的作用优势是数字金融对包容性增长产生不利影响的一个重要原因，以此为共同富裕与创新驱动发展战略的联动效应提供了经验证据。

通过梳理既有文献可知，数字金融这一"新话题"与包容性增长这一"老话题"均受到了学者的广泛关注，涌现了大量的两者独立或联合性研究。由于包容性增长相关文献十分丰富，在本部分简要梳理包容性增长的测度、现状，以及数字金融对包容性增长影响的相关研究。其中，包容性增长方面主要涉及包容性增长的现状与测度，数字金融对包容性增长的影响方面主要涉及数字金融与包容性增长的间接研究（普惠金融与包容性增长、数字技术与包容性增长）、数字金融与包容性增长的直接研究两类。

从包容性增长相关文献来看，在包容性增长现状方面，既有研究表明欧美等发达国家之间的经济增长存在收敛趋势，即发达国家之间存在包容性增长（Maddison，1991；Barro 等，1991），但在加入发展中国家样本后这一结论并未得到证实（Baumol，1986；Barro & Sala-i-Martin，1992）。此外，Rodrik（2013）发现，虽然国家之间的制造业劳动生产率存在收敛的趋势，但总体上来看，国家之间的包容性增长并未有明显的趋势。在包容性增长测度方面，已经有较多学者尝试从不同角度进行测度，例如，Cowell（2011）介绍了极差、相对平均偏差、方差、基尼系数、对数方差等多种方法，在此基础上，通过英国家庭数据分析了英国的包容性增长问题。林毅夫等（1998）、许宪春等（2019）通过基尼系数深入探究了地区包容性增长或城乡包容性增长问题。

从普惠金融与包容性增长关系来看，在理论方面，既有研究表明普惠金融改变了信贷市场不完善时个人初始财富决定人力资本和物质资本投资能力的状况，通过增加穷人接受教育和创业的机会来促进包容性增长（Banerjee 和 Newman，1993；Ghatak 和 Jiang，2002；Galor 和 Moav，2004）。然而，Kling 等（2022）通过模拟不同初始禀赋的个人在利用普惠金融获得教育贷款方面的差异，发现并非所有人都能从普惠金融中受益。在实证方面，Honohan（2008）基于 160 多个国家的研究数据发现，银行和小额信贷机构的普及与收入增长之间存在正相关关系。Dupas 和 Robinson（2013）研究发现，在肯尼亚农村地区的市场摊贩（主要是女性）职业者中随机分配无息银行账户，尽管提款费很高，但仍有相当一部分市场妇女使用这些账户，能够帮助他们节省更多支出，并增加了生产性投资和私人支出。Kim（2016）研究发现，普惠金融通过促进包容性增长，将包容性增长与经济增长之间的关系转变为正关系，这种趋势在高脆弱性国家更强。Neaime 和 Gaysset（2018）使用广义矩估计和广义最小二乘法，以 2002~2015 年 8 个中东和北非国家为大样本，实证评估普惠金融对包容性增长和金融稳定的影响。实证结果表明，虽然普惠金融促进了包容性增长，但人口规模和通货膨胀却并未对包容性增长产生有利影响。

从数字技术与包容性增长关系来看，在理论方面，数字技术能够通过对不同劳动类型的互补或替代产生影响（Goos 和 Manning，2007；David 和 Dorn，2013；Michaels 等，2014；Acemoglu 和 Restrepo，2018；Aghion 等，2019），从而影响包容性增长。此外，随着数字技术的发展，赢者通吃的市场结构通过影响市场租金、市场风险两种方式影响包容性增长（Guellec 和 Paunov，2017）。在实证研究方面，Daud 等（2021）基于 2010~2015 年 54 个国家的面板数据，以各国可支配收入的基尼系数作为因变量，发现数字技术对包容性增长带来了一定程度的不利影响。

　　从数字金融与包容性增长的直接研究来看，在理论方面，一部分学者认为数字金融的普惠特征，促进了不同地区、不同群体的金融可得性，从而能够促进包容性增长（Demir等，2020）。另一部分学者认为由于固定成本、知识等因素的影响，发达地区和富裕人群使用金融科技的回报率相对较高，因此数字金融的发展也可能会对包容性增长产生不利的影响（Frost等，2020）。在实证研究方面，Liu等（2020）基于北京大学数字普惠金融指数与中国家庭金融调查（CHFS）匹配数据的研究发现，数字普惠金融对城市家庭收入的促进作用大于农村家庭。宋晓玲（2017）采用2011~2015年31个省份面板数据的研究发现数字普惠金融有助于促进城乡包容性增长。张勋等（2019）将中国数字普惠金融指数与中国家庭追踪调查数据相匹配，发现数字普惠金融显著促进了农村家庭收入的增长，但对城市家庭收入增长的促进作用不显著。周利等（2020）的研究结果同样表明数字普惠金融的发展有助于促进城乡包容性增长。还有研究从数字普惠金融对地区间经济增长的异质性影响间接探讨了数字普惠金融的影响。例如，谢绚丽等（2018）研究发现，数字普惠金融对城镇化率较低的省份、注册资本较少的微型企业有更强的鼓励创业的作用。李建军等（2020）研究发现，普惠金融对经济增长的促进作用仅在东部省份得到了显著的促进作用，从而对中西部地区和东部地区的包容性增长产生了不利影响。

　　综上所述，大量相关研究为我们探究数字金融与包容性增长问题奠定了扎实的理论基础，但学者在讨论数字金融与包容性增长问题时仍存在间接研究多于直接研究、直接研究多于机制研究、单维研究多于多维研究、总体研究多于细节研究等问题。基于这一研究现状，本章尝试采用多维数据，构建多维研究视角，借用多种研究方法，全面且系统地考察了数字金融对包容性增长的影响。这主要从四个方面展开。第一，本章首先结合 Global Findex 数据库、SWIID 数据库和世界银行数据库中的相关研究数据，实证考察数字金融对国家内部包容性增长的影响。第二，基于半参数和分位数回归方法，实证考察数字金融对各国人均收入带来的影响及差异，探索数字金融对国家间包容性增长的影响。第三，从最富有的 1%（10%、20% 等）人口收入占比角度考察数字金融对各区间收入占比的影响，探索数字金融影响包容性增长的机制。第四，进一步利用上市公司数据研究高收入人群收入变化的内在机制，探讨数字金融对上市公司管理层内部、员工内部以及管理层和员工之间包容性增长的影响，进而理解数字金融发展在影响包容性增长中的作用。

第二节　研究设计与基本事实

为全面展示国家层面数字金融对包容性增长的影响，本章首先采用基尼系数度量各个国家内部的收入分布状况，评估数字金融对国家内部包容性增长的影响。其次对数字金融影响包容性增长的效果进行一系列稳健性检验，并基于不同区间人口收入占比探索了数字金融对包容性增长的影响路径。再次考察数字金融对国家间包容性增长的影响。最后基于上市公司数据来研究数字金融对高收入群体包容性增长的影响。本节旨在介绍上述估计采用的数据、变量、模型设定以及数字金融和包容性增长的基本事实。

一、研究设计

（一）数据来源

本章主要采用四种数据，一是 2011 年、2014 年和 2017 年国家层面的数字金融发展水平数据；二是 2012 年、2015 年、2018 年国家层面的收入差距数据；三是 2011 年、2014 年和 2017 年国家层面的经济数据；四是 2007~2020 年的上市公司数据。其中，国家层面的数字金融发展水平数据来源于全球金融发展指数（Global Findex）数据库，国家层面的收入分布数据来源于（World Inequality Database，WID）[①] 和 Frederick Solt 构建的 Standardized World Income Inequality Database（SWIID）[②] 数据库，国家层面的经济数据来源于世界银行，上市公司数据来源于 Wind 数据库和国泰安 CSMAR 数据库。

（二）模型设定与变量定义

本章的基准回归模型如下：

$$Inequality_{it} = \alpha_i + \beta_1 Findex_{it\text{-}1} + \beta_2 X_{it\text{-}1} + u_{it} \tag{2-1}$$

其中，i 表示国家，t 表示年，α 表示国家固定效应，u 表示随机扰动项。

1. 被解释变量（Inequality）

本章对包容性增长的度量有两种方式：一是用基尼系数来直接表示；二是在差异性和机制分析中，以收入在某一分位的人群的总收入占全部收入的比重来刻画。在基准回归中，被解释变量（Inequality）表示国家层面的收入分布状况，主要采用基尼系数来度量。但需要注意的是，由于 SWIID 数据库中的基尼系数包含两种形式，即基尼系数净值（根据政府税率和转移支付调整得到）和基尼系数市场值（根据税前和转移支付前的收入计算得到），我们需要在两者之间进行选择。最后为了更好地刻画真实收入分布状况，本章以基尼系数市场值作为被解释变量的代理变量，而用基尼系数

---

① 资料来源：https://wid.world/data/。

② 资料来源：https://fsolt.org/swiid/。

净值来做稳健性检验。

2. 核心解释变量（Findex）

本章的核心解释变量是各个国家的数字金融发展程度（Findex），主要采用全球金融发展指数数据库中的拥有金融机构或移动支付服务提供商账户的人口占 15 岁以上人口的比重来度量。由于该数据库的相关数据并不是每年都有统计，目前也仅包括 2011 年、2014 年和 2017 年三期，本章对所有的解释变量在年度上做了滞后一期处理，而这也同时缓解了解释变量与被解释变量之间双向因果关系导致的潜在内生性问题。

3. 控制变量（X）

为了尽可能排除其他影响包容性增长的因素，本章从国家层面选择了以下几种变量作为本章的控制变量：①农业增加值占比（agriculture）。农业收入是农民的重要收入来源，农业增加值占比的高低会影响到国家的收入分布。本章用农业增加值占 GDP 的比重来衡量农业增加值占比。②工业的相对比重（industry）。除了农业外，一个国家的产业还包括第三产业和以工业为主的第二产业，各行业的占比不同也会影响国家的包容性增长。本章以（100- 农业增加值占比 – 工业增加值占比）/ 工业增加值占比来度量工业的相对比重，该数值越大，说明工业的相对比重越小。③失业率（unemploy）。经济发展伴随经济波动，经济波动导致一个国家的失业率不断变化，而失业人口的增加会导致这部分人口的收入下降，进而可能影响收入分布。本章用失业人数占劳动力的比例来衡量失业率。④人口年龄结构（age）。除了产业结构外，一个国家的人口年龄结构也会影响到国家的收入分布。本章用 15~64 岁的人口占总人口比重来度量人口年龄结构。⑤劳动力参与率（labor_rate）。劳动参与率一定程度上反映出劳动力市场状况，而劳动力市场状况与就业、收入等问题直接相关，因此劳动参与率也可能是影响包容性增长的重要原因。本章用劳动力数量与 15~64 岁人口总数的比值来度量劳动参与率。

二、基本事实

为了直观反映数字金融、包容性增长在各类国家中随时间的演进趋势以及在各类国家之间的差异，本章根据世界银行对高收入国家的划分标准，将总样本划分为高收入国家组和中低收入国家组（除高收入国家之外的所有国家），在此基础上，通过将相关数据滞后一期处理得到图 2-2 所示结果。

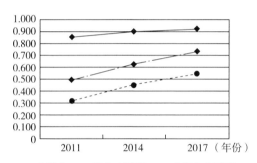

- ◆- 全样本 —◆— 高收入国家 ··●·· 中低收入国家

（a）数字金融的演进趋势

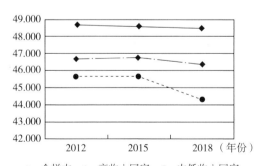

- ◆- 全样本 —◆— 高收入国家 ··●·· 中低收入国家

（b）包容性增长的变化趋势

图 2-2 数字金融与包容性增长的基本事实描述

资料来源：全球金融发展指数数据库（Global Findex）、SWIID 数据库。

由图 2-2（a）可知，无论是高收入国家还是中低收入国家，数字金融发展水平均得到了显著提高。从时间来看，数字金融发展水平在 2011~2014 年的增长速度快于 2014~2017 年。从分组来看，高收入国家的数字金融发展水平远高于中低收入国家，但由于中低收入国家的数字金融发展水平增长速度更快，因此整体上高收入国家与中低收入国家之间的数字金融发展呈现了收敛的趋势。

由图 2-2（b）可知，无论是高收入国家还是中低收入国家，国家内部均表现出了包容性增长趋势。其中，从时间来看，国家内部的收入在 2015~2018 年的收敛速度快于 2012~2015 年。从分组来看，高收入国家收入分布相对中低收入国家更加分散，但中低收入国家的收入收敛的速度远高于高收入国家。

综上所述，由全样本结果可知，就国家内部来说，数字金融与包容性增长可能存在正相关关系，即数字金融发展能够促进国内的包容性增长。在此基础上，通过详细对比高收入国家与中低收入国家样本结果可知，尽管高收入国家的数字金融发展水平高于中低收入国家，但同时高收入国家的收入分布也更加分散，由此从国家间视角初步形成了数字金融与包容性增长正向关系的悖论。此外，从时间来看，中低收入国家在数字金融方面具有追上甚至超过高收入国家的趋势，而高收入国家在包容性增长上却未表现出对中低收入国家明显的"追赶"趋势，这两种截然相反的局面表明数字金融与包容性增长的确存在明显的负向关系，但这种效应仅存在于中低收入国家样本中。进一步分析发现，由于高收入国家收入分布维持稳定，中低收入国家收入呈现出了收敛趋势，我们可以推测国家之间的收入也可能呈现收敛的趋势。

第三节 数字金融与国家内部包容性增长的实证估计

本节主要报告数字金融与国家内部包容性增长关系的实证估计结果。首先，报告本章的基准回归结果；其次，为稳健性检验结果；最后，以各区间人口收入占比为因变量的估计结果，以考察数字金融对哪部分人口收入的促进作用更大，并从创新角度探索了其传导机制。

一、国家内部视角：数字金融与包容性增长

本章首先从国家内部视角来探究数字金融与包容性增长之间的关系，具体结果如表 2-1 所示。由表 2-1 的统计结果可知，无论是否加入控制变量，数字金融发展程度（Findex）的估计系数均为负值且在 1% 的水平下显著。这表明数字金融发展能够显著促进国家内部的包容性增长，而这与大多相关研究结论以及人们的期待一致，由此说明数字金融的确在整体上表现出了较为明显的"普惠"特征。控制变量的估计结果显示，农业增加值占比和劳动力参与率变量的估计系数为负但不显著，工业相对比重变量的系数为正但未通过显著性检验。而失业率变量的估计系数为正且在 1% 的水平下显著，说明失业率水平的提高会推动基尼系数的提高。15~64 岁人口占比变量的估计系数为负且在 10% 的水平下显著，说明 15~64 岁人口占比越高，即老人和小孩比例越低，国家内部的收入分布更加均匀。

表2-1　数字金融与国家内部包容性增长的估计结果

	（1）	（2）
	基尼系数	基尼系数
Findex	−1.775*** （−3.89）	−1.845*** （−3.70）
agriculture	—	−0.025 （−0.57）
industry	—	0.060 （0.59）
unemploy	—	0.086*** （3.73）
age	—	−0.084* （−1.79）
labor_rate	—	−0.227 （−0.10）
国家固定效应	是	是
样本量	268	263
R^2	0.094	0.202

注：*、** 和 *** 分别表示在10%、5% 和 1% 的水平下显著，括号内为 t 统计值。

二、稳健性检验

本部分主要从三方面检验上述结果的稳健性：一是替换因变量指标和核心解释变量指标；二是删除部分存在异常值的样本以及将样本分为高收入国家和中低收入国家进行检验；三是内生性问题的部分讨论。

（一）替换因变量与核心解释变量

如前所述，鉴于 SWIID 数据库中的基尼系数包含净值和市场值两类，本章用基尼系数净值取代基尼系数市场值来做稳健性检验。与此同时，本章通过更换数据库，用 IMF FAS 数据库中移动支付交易额的自然对数取代

Global Findex 数据库中拥有金融机构或移动支付服务提供商账户的人口占15 岁以上人口的比重作为数字金融的代理变量来进行稳健性检验。回归结果如表 2-2 所示。由表 2-2 可知，无论是对数字金融、包容性增长的部分替换还是完全替换，数字金融的估计系数依旧为负，且至少在 5% 的水平下显著。由此可知，基于国内视角得出的数字金融促进包容性增长的基本结论具有稳健性。此外，列（4）的控制变量与表 2-1 表现出的正负号方向均一致，只是显著性水平上略有差异。列（2）和列（6）控制变量的估计结果中，只有失业率变量的符号发生了变化，这可能是由于核心解释变量替换后，由于替换的核心解释变量存在较多样本缺失，所估计的样本与表 2-1不同，但核心解释变量的估计系数表现出的结论并未改变。

表 2-2　数字金融与国家内部包容性增长：替换因变量与核心解释变量

	基尼系数市场值		基尼系数净值			
	（1）	（2）	（3）	（4）	（5）	（6）
Findex	—	—	-2.143^{***} （−4.36）	-2.286^{***} （−4.16）	—	—
Findex（IMF）	-0.031^{***} （−2.72）	-0.029^{**} （−2.40）	—	—	-0.030^{**} （−2.26）	-0.030^{**} （−2.17）
agriculture	—	−0.018 （−1.37）	—	−0.032 （−0.67）	—	-0.037^{**} （−2.44）
industry	—	0.023 （0.51）	—	0.114 （1.01）	—	0.044 （0.85）
unemploy	—	-0.069^{***} （−3.36）	—	0.034 （1.35）	—	-0.066^{***} （−2.81）
age	—	-0.078^{*} （−1.78）	—	-0.112^{**} （−2.18）	—	-0.090^{*} （−1.81）
labor_rate	—	-5.086^{***} （−3.49）	—	−1.998 （−0.77）	—	-4.586^{***} （−2.75）
国家固定效应	是	是	是	是	是	是

续表

	基尼系数市场值		基尼系数净值			
	（1）	（2）	（3）	（4）	（5）	（6）
样本量	146	146	268	263	146	146
R^2	0.068	0.246	0.115	0.169	0.048	0.221

注：*、** 和 *** 分别表示在 10%、5% 和 1% 的水平下显著，括号内为 t 统计值。

（二）分样本和删除异常值样本

由综合基本事实描述结果以及基准回归结果可知，数字金融能够显著促进国家内部的包容性增长，但这种作用在高收入国家和中低收入国家中可能存在明显差异。因此，有必要进行分样本估计，相关结果如表 2-3 所示。由表 2-3 可知，无论是以基尼系数净值还是以基尼系数市场值作为代理变量，数字金融在高收入国家和中低收入国家中均有利于促进国内包容性增长，但这种效果仅在中低收入国家中显著。而这也验证了本章在基本事实描述部分进行的初步猜想，即数字金融能够促进包容性增长的一个原因在于数字金融能够使更多低收入群体享受到金融服务的普惠性质。对高收入国家来说，由于它本身的金融发展程度较高，即金融发展基础好，大多数人口本身就能够享受到金融服务，高收入国家数字金融的发展更大程度上体现在数字技术的影响而非普惠金融的影响，数字金融的效用空间被极大压缩，数字金融对包容性增长的促进作用表现微弱。

此外，控制变量的估计结果显示，农业增加值占比、工业相对比重、劳动力参与率变量的估计系数均未通过显著性检验。失业率的影响整体为正，但主要体现在对基尼系数市场值的影响。虽然 15~64 岁人口占比越高，即老人和小孩比例越低，国家内部的收入分布越均匀，但这种影响方向主要体现在中低收入国家。

表 2-3　数字金融与国家内部包容性增长：高收入国家与中低收入国家

	（1）	（2）	（3）	（4）
	基尼系数净值	基尼系数净值	基尼系数市场值	基尼系数市场值
	高收入国家	中低收入国家	高收入国家	中低收入国家
Findex	−1.988 （−1.24）	−2.031*** （−3.23）	−1.364 （−0.94）	−1.721*** （−3.29）
agriculture	0.071 （0.41）	−0.036 （−0.69）	0.122 （0.71）	−0.022 （−0.50）
industry	0.216 （1.10）	0.155 （1.07）	0.232 （1.15）	0.044 （0.36）
unemploy	−0.002 （−0.07）	0.069 （1.57）	0.074** （2.29）	0.067* （1.81）
age	0.184* （1.75）	−0.276*** （−3.97）	0.107 （1.00）	−0.191*** （−3.28）
labor_rate	4.212 （0.74）	1.177 （0.36）	2.509 （0.42）	1.965 （0.72）
国家固定效应	是	是	是	是
样本量	95	160	100	163
R^2	0.167	0.297	0.269	0.269

注：*、** 和 *** 分别表示在 10%、5% 和 1% 的水平下显著，括号内为 t 统计值。

此外，考虑到样本数据中潜在异常值对估计结果产生的影响，本章首先通过图 2-3 分别描述高收入国家和中低收入国家的基尼系数分布情况。其中，左侧为中低收入国家的基尼系数分布，右侧为高收入国家的基尼系数分布。显而易见，高收入国家的基尼系数分布相对集中，并不存在明显的异常值，而中低收入国家的基尼系数分布相对分散，存在少许异常值。为了保证基准回归结果的一致性，有必要进行删除异常值的检验。

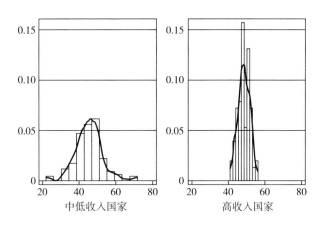

图 2-3　不同收入国家的基尼系数分布

具体来说，本章删除了中低收入国家中基尼系数小于 35 以及基尼系数大于 65 的样本，以此重新进行基准回归估计，估计结果如表 2-4 所示。在表 2-4 中，列（1）至列（3）依次展示了删除中低收入国家基尼系数大于 65、中低收入国家基尼系数小于 30、中低收入国家基尼系数大于 65 和小于 30 样本后的估计结果。由于控制变量表现出的主要结论与表 2-1 的结论相同，并且稳健性检验部分主要是检验核心解释变量的估计结果，本章在表 2-4 以及表 2-5 不再报告控制变量的估计结果。所有结果显示，数字金融变量的估计系数在 1% 的统计水平上显著为负，从而证实了基准回归结果的稳健性。

表 2-4　数字金融与国内包容性增长：删除异常值样本

	（1）	（2）	（3）
	国家基尼系数＜65	国家基尼系数＞30	30＜国家基尼系数＜65
Findex	−1.816*** （−3.61）	−1.834*** （−3.54）	−1.803*** （−3.45）
控制变量	是	是	是

续表

	（1）	（2）	（3）
	国家基尼系数＜65	国家基尼系数＞30	30＜国家基尼系数＜65
国家固定效应	是	是	是
样本量	260	260	257
R^2	0.199	0.201	0.199

注：*、** 和 *** 分别表示在 10%、5% 和 1% 的水平下显著，括号内为 t 统计值。

（三）内生性问题讨论

虽然本章在初次基准回归中已经考虑了解释变量与被解释变量之间互为因果可能导致的潜在内生性问题，并且也对核心解释变量进行了滞后一期处理，但本章为了进一步巩固内生性排除效果，又从以下两个方面进行了努力：

第一，变更核心解释变量的滞后期。本章针对核心解释变量数字金融做滞后二期和三期的处理，相关结果如表 2-5 中列（1）和列（2）所示，结果显示，在增加核心解释变量滞后期之后数字金融与包容性增长之间的关系依旧得到了证实。

第二，采用工具变量估计。具体来说，本章首先基于数字金融与数字基础设施间的密切关系选用各国移动电话普及率（inter）作为数字金融的工具变量[①]。可以发现数字金融的估计系数在 5% 统计水平下显著为负，如表 2-5 中列（6）所示。与此同时，但是移动电话普及率与各国的基础设施相关，对于数字金融变量而言，可能并不是一个合理的工具变量，本章在考虑空间效应的基础上又选用各国所在地区的数字金融发展水平均值（index_m）作为工具变量[②]。原因在于，地区数字金融发展会对地区内部各

[①] 工具变量均做了滞后一期处理。

[②] 地区分类参考世界银行分类标准，包括南亚、欧洲和中亚、中东和北非、东亚及太平洋地区、拉丁美洲和加勒比、撒哈拉以南非洲、北美七大地区。

个国家的数字金融发展产生影响，但并不会直接影响国家的收入差距。当把这一工具变量纳入研究时，数字金融的估计系数在1%的水平下显著为负，如表2-5中列（7）所示，而这再次说明数字金融与包容性增长存在正相关关系。当同时把移动电话普及率和各国所在地区的数字金融发展水平均值作为工具变量时，数字金融与包容性增长之间的正向关系依旧得到了证实，如表2-5中列（8）所示。此外，LM统计量在1%的水平下显著，说明通过了不可识别检验，认为是可识别的。Wald-F统计量也说明本章的工具变量不存在弱工具变量问题。Sargan统计量较小，对应的p值大于0.1，说明通过了过度识别约束检验，即不能拒绝本章的工具变量为外生变量的原假设。

表2-5　数字金融与国内包容性增长：变更滞后期与工具变量估计

	基尼系数市场值		Findex			基尼系数市场值		
	（1）	（2）	（3）	（4）	（5）	（6）	（7）	（8）
Findex（滞后二期）	-1.222^{*} （-1.87）	—	—	—	—	—	—	—
Findex（滞后三期）	—	-1.410^{**} （-2.10）	—	—	—	—	—	—
inter	—	—	0.002^{***} （3.05）	—	0.000 （0.70）	—	—	—
index_m	—	—	0.892^{***} （10.48）	0.872^{***} （9.71）	—	—	—	—
Findex	—	—	—	—	—	-5.012^{**} （-2.22）	-4.156^{***} （-5.16）	-4.179^{***} （-5.19）
控制变量	是	是	是	是	是	是	是	是
国家	是	是	是	是	是	是	是	是
样本量	179	149	236	236	236	236	236	236
LM	—	—	14.9^{***}	104.6^{***}	105.0^{***}	—	—	—

续表

	基尼系数市场值		Findex			基尼系数市场值		
	（1）	（2）	（3）	（4）	（5）	（6）	（7）	（8）
Wald-F	—	—	9.28	109.81	54.95	—	—	—
Sargan（p value）	—	—	—	—	0.302 0.583	—	—	—

注：*、** 和 *** 分别表示在 10%、5% 和 1% 的水平下显著，括号内为 t 统计值。LM 统计量为 Anderson canon. corr. LM statistic，Wald-F 统计量为 Cragg-Donald Wald F statistic。

三、数字金融与包容性增长：收入群体划分视角

（一）数字金融与包容性增长的分区间收入占比估计

前文发现数字金融显著促进了包容性增长，这和大多数国内采用中国数据得到的研究结论一致，国内研究也对其机制进行了相关考察。尽管前文已经证实了数字金融与包容性增长之间的正向关系，但基于基尼系数得出的上述结果无法进一步揭示这种正向关系产生的具体原因。按照收入由高到低的顺序排列，我们依次以收入最富有 1% 群体的收入占比（top1%）、最富有 10% 群体的收入占比（top10%）、最富有 20% 群体的收入占比（top20%）、总收入占第 2~4 个 20% 群体的收入占比（sec20%、thr20%、fou20%）、收入最低 20% 群体的收入占比（bot20%）以及收入最低 10% 群体的收入占比（bot10%）为因变量进行估计，探索数字金融对哪部分人口收入的促进作用更大，从此角度理清数字金融影响包容性增长的背后，数字金融变量的估计结果如表 2-6 所示。其中，top1% 的数据来源于 Wind 数据库，其余数据来源于世界银行数据库。这里，需要指出的是，数字金融变量的估计系数为负，如表 2-6 中全样本列（2）的估计系数（-4.454 且在 1% 的水平下显著），并不是说明数字金融发展对这部分人口的收入具有负

影响，而是相对全部人口来说，数字金融对这部分人口收入的促进作用相对较小，从而导致数字金融降低了这部分人口的收入占比。与此同时，为了更清晰的展示出数字金融变量估计系数的变化趋势，本章作出了不同区间估计系数的变化图形，如图2-4所示。

表 2-6　数字金融与包容性增长：分区间收入占比估计

	（1）	（2）	（3）	（4）	（5）	（6）	（7）	（8）
	top1%	top10%	top20%	sec20%	thr20%	fou20%	bot20%	bot10%
全样本	0.011 （1.39）	−4.454*** （−3.31）	−4.568*** （−3.50）	1.510*** （3.91）	1.023** （2.54）	0.724* （1.69）	1.455*** （3.69）	0.653*** （3.20）
高收入国家	0.040*** （2.77）	−0.141 （−0.07）	−0.616 （−0.27）	0.759 （0.94）	−0.437 （−0.68）	−0.278 （−0.38）	0.691 （0.65）	0.048 （0.08）
中低收入国家	0.003 （0.34）	−5.899*** （−3.23）	−5.790*** （−3.33）	1.699*** （3.36）	1.416** （2.59）	1.263** （2.20）	1.581*** （3.42）	0.708*** （3.15）

注：*、** 和 *** 分别表示在 10%、5% 和 1% 的水平下显著，括号内为 t 统计值。

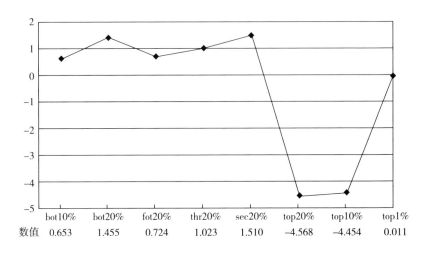

	bot10%	bot20%	fot20%	thr20%	sec20%	top20%	top10%	top1%
数值	0.653	1.455	0.724	1.023	1.510	−4.568	−4.454	0.011

图 2-4　数字金融变量估计系数的变化趋势（全样本）

由表 2-6 中全样本的估计结果发现，以 top10%、top20% 为因变量时，数字金融变量的估计系数为负且在 1% 的水平下显著，而其余各列数字金融变量的估计系数为正且几乎均在 1% 的水平下显著。这说明数字金融对国家内部最富有的 10%、20% 的人口收入占比起到了显著的负向影响，而对其余各 20% 以及收入最低的 10% 人口的收入占比均产生了正向的促进作用。由此可知，数字金融对低收入人口的收入增长具有更强的促进作用，能够促进国家内部的包容性增长，与表 2-1 的核心结论一致。然而，但以 top1% 为因变量时，数字金融的估计系数不显著，这说明数字金融发展具有提高最富有的 1% 群体收入占比的趋势，对前 1% 人口和前 2%~10% 人口之间的包容性增长并未产生促进作用。

图 2-4 直观地反映了数字金融变量估计系数的变化。从 bot10% 到 sec20%，数字金融变量的估计系数均为正，说明数字金融发展对这部分区间人口的收入起到了更为显著的促进作用，提高了这部分区间人口的收入占比。而对 top20% 和 top10% 的人口收入占比起到了相反的影响，说明数字金融发展对这部分人口收入的促进作用相对较小。但区间从 top10% 变化到 top1% 时，数字金融变量的估计系数又有了较大幅度的上升，说明数字金融的发展对 top1% 人口收入的促进作用大于对 top10% 人口收入的促进作用。

这些结果表明，随着收入水平的上升，数字金融对收入的促进作用呈现出先下降后上升的"U"型趋势，而数字金融促进收入的这种"反弹效应""极化效应"致使数字金融与包容性增长的关系变得复杂化。具体来说，数字金融能够在整体上促进包容性增长，但数字金融可能会对最富有的 1% 群体、最富有的 10% 群体以及最富有的 20% 群体之间的包容性增长产生不利影响，即数字金融与包容性增长间的关系很可能是一种非线性的倒"U"型关系。

此外，为了进一步证实数字金融与包容性增长非线性关系的存在，本章在将总样本划分为高收入国家和中低收入国家的基础上又分别进行估计（表2-6中的分样本估计结果）。根据高收入国家样本的估计结果发现，只有列（1）中的数字金融估计系数显著为正，而其余列中的数字金融系数均未通过显著性检验，这意味着高收入国家数字金融发展仅对最富有的1%群体收入占比起到积极作用。中低收入国家样本的估计结果发现，数字金融发展对各个收入群体的收入占比的影响与全样本估计结果基本一致。至此，两次分析结果的对比验证了数字金融与收入差距的负向关系在中低收入国家更加显著的基本观点，与此同时，它们也支持了全样本结果证实的数字金融促进收入的"极化效应"。

（二）数字金融收入"极化效应"的产生机制

由表2-6的估计结果可知，数字金融对收入的促进作用存在"极化效应"，即随着收入水平的提高，数字金融对各区间收入占比的影响表现出先下降后上升的趋势，数字金融发展对最高收入群体和中低收入群体的收入的促进作用更大，但对次高收入群体收入的促进作用相对较小。针对这一分析结果，本章进一步尝试从创新视角对"极化效应"进行解释，即将创新作为数字金融提高最高收入群体收入占比的重要解释。

首先，数字金融能够显著提高创新能力（唐松等，2020），本章分别以各国科技期刊文章数量和专利申请数的自然对数作为创新能力的代理变量，以创新能力作为因变量，选择和模型（2-1）相同的解释变量进行估计，结果如表2-7所示[①]。其中，列（1）至列（3）展示了以科技期刊文章数量的

---

① 资料来源：世界银行。

自然对数作为创新能力代理变量的回归结果，列（4）至列（6）展示的是
以专利申请数量的自然对数作为创新能力代理变量的回归结果。由表 2-7
的估计结果发现，以科技期刊文章数的自然对数作为因变量时，数字金融
发展促进了国家创新能力的提高。以专利申请数的自然对数作为因变量的
估计结果显示，数字金融变量的估计系数为正但未通过显著性检验。分样
本估计结果显示，当以专利申请数作为因变量时，数字金融发展的促进作
用仅在高收入国家内部得到了较为明显的体现。这说明虽然数字金融发展
整体促进了创新，但在中低收入国家，创新能力相对较低，专利在中低收
入国家可能并非主要的创新成果表现形式。而当以科技期刊文章数作为因
变量时，数字金融发展对创新的促进作用在高收入国家和中低收入国家内
部均得到了较为明显的体现。

表 2-7　数字金融与创新

	ln（科技期刊文章数）			ln（专利申请数）		
	（1）	（2）	（3）	（4）	（5）	（6）
	全样本	高收入国	中低收入国	全样本	高收入国	中低收入国
Findex	1.620*** （9.28）	1.198*** （6.94）	1.698*** （7.61）	0.592 （1.23）	1.726*** （3.44）	0.267 （0.38）
控制变量	是	是	是	是	是	是
国家	是	是	是	是	是	是
样本量	410	128	282	292	119	173
R^2	0.355	0.562	0.364	0.030	0.248	0.028

注：*、** 和 *** 分别表示在 10%、5% 和 1% 的水平下显著，括号内为 t 统计值。

其次，从创新能力与收入之间的关系来看，本章进一步以科技期刊文

章数量自然对数的滞后二期作为创新的代理变量①，选取与模型（2-1）相同的控制变量考察创新对包容性增长的影响，相关结果如表2-8所示。由表2-8可知，创新整体上促进了包容性增长，但当收入水平较高时，创新水平的提高也会对包容性增长产生不利影响（如创新对前1%人口收入的促进作用大于2%~10%人口收入的促进作用）。这说明随着收入水平的提高，创新对收入的促进作用表现为较为明显的先下降后上升趋势，与表2-6估计系数表现出的变化趋势相同，同时也发现创新能力提升显著促进了高收入国家前1%人口收入占比的提高。

表2-8　创新与包容性增长：分区间收入占比估计

	（1）	（2）	（3）	（4）	（5）	（6）	（7）	（8）
	top1%	top10%	top20%	sec20%	thr20%	fou20%	bot20%	bot10%
全样本	−0.001 （−0.49）	−1.020*** （−4.13）	−1.002*** （−4.24）	0.293*** （4.07）	0.301*** （4.31）	0.247*** （3.15）	0.151* （1.94）	0.057 （1.34）
高收入国	0.009** （2.45）	−0.375 （−0.52）	−0.997 （−1.35）	0.505** （2.07）	0.053 （0.27）	−0.400* （−1.72）	0.747** （2.35）	0.345* （1.85）
中低收入国	−0.001 （−0.42）	−1.076*** （−3.59）	−0.988*** （−3.55）	0.253*** （3.07）	0.337*** （4.01）	0.327*** （3.45）	0.069 （0.92）	0.013 （0.35）

注：*、** 和 *** 分别表示在10%、5%和1%的水平下显著，括号内为t统计值。

上述结论也与已有相关实证研究的结论相同。创新能力有利于最富有收入群体的收入水平提升，其中一个重要原因在于资本所有权集中在最高收入群体中（Atkinson，2015；Guellec 和 Paunov，2017）。而投资于数字创新会

---

① 专利从申请到授权的平均时间为两年，在专利授权后，发明者的收入得到了跳跃的提升（Aghion 等，2019）。表2-8报告的是以科技期刊文章数量自然对数的估计结果，将核心解释变量替换为专利申请数也能得到类似的结论。此外，若选择滞后一期而非滞后二期进行估计，也不会改变表2-8的基本结论。

提高资本回报率，而员工的工资在劳动力市场基本是不变的，创新从而有助于提高顶尖收入群体的收入占比（Guellec 和 Paunov，2017）。其他部分研究也有类似的发现。例如，Aghion 等（2018）基于1988~2012年芬兰的研究数据考察企业内部各群体从创新发明中获得的回报，结果显示管理层获得了最高的收入回报，占企业收入回报的44%。Aghion 等（2019）基于美国州际层面的面板数据直接研究了创新与前1%人口的收入占比之间的关系，最终结果显示创新对最富有1%人口的收入有更大的促进作用，但对99%人口之间的包容性增长并没有显著影响。李彦龙（2020）根据2008~2018年的上市公司数据，从企业内部包容性增长和企业间包容性增长两个角度综合考察了创新对包容性增长的影响，研究发现创新对企业内部管理层的收入有更明显的促进作用，并且对最高收入管理层的收入增长作用更大。

综合表2-6至表2-8的估计结果可知，数字金融发展整体促进了创新能力的提高，而创新能力的提高更有利于促进顶尖收入群体收入占比的提高。随着收入水平的上升，数字金融发展对收入的促进作用存在"极化效应"，该现象至少可以从创新的角度得到解释。

第四节　数字金融与国家间包容性增长的实证估计

前文发现数字金融能够显著促进国家内部的包容性增长，但对国家之间的包容性增长影响尚不明确，亟待考察。为了从国家间探究数字金融与包容性增长的关系，本章构建如下模型：

$$\ln GDP\_per_{it} = \alpha_{1i} + f\left(Findex_{it-1}\right) + \beta_{21}Controls_{it-1} + u_{1it} \qquad (2-2)$$

$$\ln GDP\_per_{it} = \alpha_{2i} + \beta_{12}Findex_{it-1} + \beta_{22}Controls_{it-1} + u_{2it} \tag{2-3}$$

其中，因变量 GDP_per 表示各国实际人均 GDP（2010 年不变价），α 表示国家固定效应，Controls 表示控制变量，包括模型（2-1）中的所有控制变量以及劳动投入 L（以劳动力数量度量）和资本投入 K（以资本形成总额度量，2010 年不变价）的自然对数。其中模型（2-2）为半参数估计模型，从半参数估计结果可以直观观察到数字金融在不同发展水平下对国家人均 GDP 的影响。

本章首先对半参数模型（2-2）进行估计，非参数部分的估计结果如图 2-5（横轴为数字金融发展水平，纵轴为人均 GDP 的自然对数）所示。整体来看，由图 2-5 可知，随着数字金融发展，数字金融对人均 GDP 的边际影响直观上整体不存在太大的变化。但对于高收入国家，数字金融发展水平高，图 2-5 右端末尾部分，数字金融对人均 GDP 的影响又有了较为明显的提高。由图 2-5 可以初步判断，数字金融并未对国家间的包容性增长起到促进的作用，这种拉大作用主要由数字金融对最富有部分国家的更高促进效果带来的。

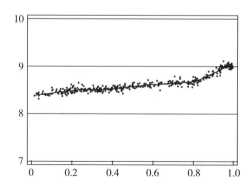

图 2-5　数字金融对人均 GDP 的影响：半参数估计结果

本章之后进一步采用 OLS 方法和分位数回归方法进行估计，估计结果如表 2-9 所示。表 2-9 中列（1）为 OLS 估计结果，列（2）至列（6）依次为 0.10、0.25、0.50、0.75、0.90 的分位回归结果。表 2-9 中 OLS 的估计结果显示，数字金融变量的估计系数为正且均在 1% 的水平下显著，数字金融对高收入国家组和中低收入国家组的人均 GDP 均具有显著的正向促进作用。其中中低收入国家样本数字金融变量的估计系数更大，但系数和高收入国家相差较小，对高收入国家和中低收入国家间包容性增长的影响尚不明确。分位数估计结果显示，从全样本来看，随着分位点的提高，数字金融变量的估计系数为上升的变化趋势，说明数字金融对国家间包容性增长并未起到促进作用，但各分位点估计系数相差不大，对国家间包容性增长的影响并不明显，与图 2-5 的发现一致。从高收入国家样本来看，随着分位点提高，数字金融变量的估计系数相对全样本表现出了更为明显的上升趋势，这说明数字金融总体对高收入国家间的包容性增长产生了不利影响，与图 2-5 右半段的发现相对应。从中低收入国家样本来看，随着分位点提高，数字金融变量的估计系数整体较为平缓，并未表现出明显的变化趋势，说明数字金融对中低收入国家间包容性增长的影响并不明显，与图 2-5 左半段的发现相对应。

表 2-9　数字金融与国家间包容性增长的估计结果

	（1）	（2）	（3）	（4）	（5）	（6）
	OLS	0.10	0.25	0.50	0.75	0.90
全样本	0.344*** （7.93）	0.340*** （4.77）	0.341*** （5.76）	0.344*** （8.64）	0.348*** （5.91）	0.349*** （4.96）
高收入国家	0.305*** （4.88）	0.241** （2.39）	0.260*** （3.25）	0.317*** （4.93）	0.350*** （3.94）	0.370*** （3.33）

续表

	（1）	（2）	（3）	（4）	（5）	（6）
	OLS	0.10	0.25	0.50	0.75	0.90
中低收入国家	0.339*** （3.03）	0.339*** （3.66）	0.338*** （5.93）	0.337*** （5.14）	0.337*** （4.10）	0.339*** （3.03）

注：*、** 和 *** 分别表示在 10%、5% 和 1% 的水平下显著，括号内为 t 统计值。

综上所述，数字金融对国家内部和国家之间包容性增长的影响效果并不一致。具体来说，数字金融虽然能够明显促进国家内部包容性增长，但对国家间包容性增长并未起到促进作用；相反，数字金融发展在整体上对国家间包容性增长具有不利的倾向，并且这种作用在高收入国家体现得更加突出。

第五节　数字金融影响包容性增长的国内启示

前文已经从宏观国家层面（国家内部和国家之间）系统考察了数字金融与包容性增长的关系，结果显示，数字金融能够促进国家内部包容性增长，并且这种收敛效应在中低收入国家样本中表现得更加明显。与此同时，数字金融对收入的促进作用存在"极化效应"，导致数字金融与收入的促进作用表现为先降后升的"U"型关系。从国家间来看，数字金融发展并未有效促进包容性增长，并且这一趋势在高收入国家中更加明显。需要指出的是，无论是从国内包容性增长视角还是从国家间包容性增长视角来看，能够发现数字金融发展对最富有部分群体和国家的收入具有更大的促进作用。综上可知，虽然数字金融能够促进我国包容性增长的研究结论已经得到了大多数文献的支持，但数字金融对高收入人口之间的包容性增长仍可能起到不利的影响。可能的原因在于，高收入人口本身就能享受到金融服务，而数字金融对这部分人口的影响更大程度上数字技术的效率在发挥作用，而非其对低收入人口带来的"普惠"性。

具体来说，本章以我国 2007~2020 年的上市公司为样本进行实证分析。选取这一研究样本的理由有以下两点：一是考虑到上市公司作为优秀企业的代表，其员工收入整体较高，以上市公司为样本可以很好地反映高收入群体的特征。二是为了给中国相关实践提供理论指导，本章对上述关系进行验证。此部分估计的计量模型如下：

$$y_{jt} = \lambda_j + \beta_3 Digital_{jt-1} + \beta_4 Controls_{jt-1} + v_{jt} \qquad (2-4)$$

其中，j 表示上市公司，t 表示年，v 表示随机扰动项，λ 表示公司固定效应，y 表示上市公司内部管理层或员工的收入水平，主要包括上市公司薪酬前三名管理层的平均薪酬（Top3）、管理层的平均薪酬（$income_1$）以及员工的平均薪酬（$income_2$），同时对各群体的平均薪酬作自然对数处理，反映上市公司内部各群体的平均收入水平。其中管理层和员工平均薪酬的计算参考孔东民等（2017）的做法进行计算，即管理层的平均薪酬由"董事、监事及高管年薪总额"除以管理层规模（董事人数、高管人数、监事人数之和减去独立董事人数、未领取薪水的董事、监事和高管）计算得到。员工平均薪酬由"应付职工薪酬 + 支付给职工以及为职工支付的现金 – 董事、监事及高管年薪总额"再除以员工总人数计算得到。

Digital 为上市公司的数字化转型指数①，采用数字技术应用、人工智能

---

① 需要指出的是，本章采用数字化水平而非数字金融水平作为自变量的原因在于，高收入群体本身就比较容易享有较好的金融服务，而数字金融发展也仅是改变了这种"优先权"的享有方式。因此，本章认为数字金融本身并不是影响高收入群体收入差距变动的核心原因，相反，数字化转型与发展才是这一问题的关键所在。与此同时，考虑到数据的可得性，本章最终将数字化水平作为自变量来讨论数字金融对高收入群体收入差距的扩大效应是否存在。

技术、大数据技术、云计算技术、区块链技术的细分指标在报告中出现频次的自然对数进行测度。Controls 为控制变量，包括上市公司的资产收益率、资产负债率、现金流（经营性活动现金流与总资产的比值）、上市公司所在省份的传统金融发展水平（金融机构存款与贷款之和与 GDP 的比值）、上市公司所在城市的经济发展状况（采用 GDP 指数测度）。为了减弱双向因果导致的内生性问题，本章对所有解释变量作了滞后一期处理。此部分数据来源于 Wind 数据库和 CSMAR 数据库，样本区间为 2007~2020 年，样本为 8165 个。最终结果如表 2–10 所示。

表 2–10　数字金融影响包容性增长的国内启示：对上市公司收入的影响

	（1）	（2）	（3）	（4）
	OLS	0.25	0.50	0.75
ln（管理层前三名平均薪酬）	0.099*** （13.31）	0.074*** （6.21）	0.086*** （7.93）	0.106*** （7.66）
ln（管理层平均薪酬）	0.089*** （13.12）	0.071*** （6.15）	0.080*** （7.97）	0.083*** （6.78）
ln（员工平均薪酬）	0.077*** （14.07）	0.063*** （7.03）	0.059*** （7.13）	0.107*** （9.73）

注：*、** 和 *** 分别表示在 10%、5% 和 1% 的水平下显著，括号内为 t 统计值。控制变量包括资产收益率、资产负债率、现金流、所在省份的传统金融发展水平、所在城市的经济发展状况、企业固定效应。

表 2–10 列（1）展示了 OLS 的估计结果，列（2）至列（4）依次展示了 0.25、0.50、0.75 分位的估计结果。估计结果显示，三类群体的收入系数在所有列中均在 1% 的水平下显著为正，这意味着数字化能够促进上司公司内部各群体薪酬水平的提高，但就促进作用来看，管理层前三名平均薪酬＞管理层平均薪酬＞员工平均薪酬，即数字化导致上市公司内部各类群

体间薪酬变化的不同步，即收入水平越高，数字化对收入的促进作用也越大。与此同时，基于分位数估计结果发现，数字化变量的估计系数往往随着分位点的提高而增加，说明数字金融对上市公司之间管理层之间以及员工之间的包容性增长产生了不利影响。因此，虽然数字金融由于其普惠性质促进包容性增长的结论得到了大多数文献的支持，但对高收入群体之间的包容性增长仍然会起到不利的影响。

第六节　本章小结

在综合利用国家经济数据、Global Findex 数据、SWIID 数据、WID 数据以及微观上市公司数据的基础上，本章创新性地从多维视角考察数字金融与包容性增长间的直接和间接关系。具体来说，本章首先从宏观视角依次对数字金融与国家内部包容性增长的关系、数字金融与国家间包容性增长的关系进行了系统研究。其次在提炼共同发现的基础上，本章从微观视角基于 2007~2020 年中国上市公司数据对数字金融与高收入群体间的包容性增长关系进行了实证检验。

本章的主要研究结论如下：第一，从国家内部包容性增长来看，数字金融发展能够促进国家内部包容性增长，并且该结论在替换被解释变量与核心解释变量、分样本与删除部分异常值样本估计、考虑内生性问题后依然成立。并且这种收敛趋势主要体现在中低收入国家。以收入占比作为因变量的估计结果发现，随着收入增加，数字金融对收入的促进效果呈现先下降后上升的趋势，具体表现为数字金融对中低收入群体和最富有收入群体的收入起到了更为显著的促进作用，即数字金融对收入的促进效果存在

"极化效应""反弹效应"。创新是其重要传导机制。第二，从国家间包容性增长来看，数字金融发展整体上对国家间包容性增长具有不利的倾向但不明显，但数字金融对高收入国家间包容性增长的不利影响比较明显。第三，微观企业估计结果发现，数字金融对上市公司内部以及上市公司之间各类群体间的包容性增长也并未得到体现。

本章发现对理解数字金融在全球收入和财富分配格局中的作用具有一定的启发。从全球经济发展角度来看，数字金融的发展具有普惠性，这不仅体现在数字金融发展程度越高，全球各国收入收敛的趋势上，也体现在高收入组国家内部和中低收入组国家内部的收入均在收敛的趋势上。但是也需要看到的是，数字金融发展不足以抗衡全球收入和财富拉大的趋势，这有三方面体现：一是最高收入组人群的收入和财富占比在数字金融发展比较好的地区更高；二是数字金融的发展不能有效促进富裕的部分国家和中低收入国家间的包容性增长；三是发现数字金融发展不能有效促进上市公司管理层内部、员工内部，以及管理层和员工之间的包容性增长。

第三章　数字金融与包容性增长：基于创新视角

前文研究发现，数字金融对包容性增长的影响体现在数字金融的普惠性以及数字技术的影响上。其中，关于普惠的影响已经有了较多的研究，而单独研究数字技术影响的文献还有待进一步完善。此外，创新是数字金融影响收入的重要机制，本章基于创新视角来研究数字金融与包容性增长之间的关系。具体而言，本章基于2007~2018年的制造业上市公司数据，采用RIF回归方法，通过企业内部包容性增长和企业间包容性增长两个角度考察创新对包容性增长的影响及其影响机制。本章第一节为问题的提出，第二节为研究设计，第三节为创新对企业内部包容性增长的影响，第四节为创新对企业间包容性增长的影响，第五节为创新影响包容性增长的机制："替代效应"与"生产率效应"，第六节为本章小结。

第一节　问题的提出

收入分配长期以来一直是一个重要的经济问题，受到了广泛的关注和讨论。毫无疑问，创新对推动经济增长的作用十分关键，创新驱动战略的实施使我国的经济和居民收入都得到了显著的增长。但是创新带来的回报如何进行分配可能更加需要受到关注。创新带来的收入回报是公平的在社会中进行分配，还是集中在少数的个人当中？如果创新带来的收入回报多数被少数人所占有，那么创新就会对包容性增长产生不利影响，有些文献也支持了这个事实。Aghion 等（2019）研究发现美国 1980~2005 年前 1% 的群体收入所占比重有了快速的增长，其中大约有 23% 是由创新产出的增长带来的。由此可知，创新虽然是推动经济增长的重要因素，但对包容性增长也可能会带来显著的影响。而在我国是否也是如此？随着我国创新驱动战略的推进，创新带来的收益可能也是更大程度上是被高收入群体所占有，从收入增长和包容性增长两个角度综合进行分析，才能够更加客观地认识到创新对我国经济的影响。

鉴于包容性增长的重要性，已有较多学者对包容性增长以及创新对其效果的影响进行了相关研究。Antonelli 和 Gehringer（2013）基于 1995~2011 年包括美国、加拿大、欧盟成员国以及金砖四国等国的数据进行实证研究，研究发现创新促进了包容性增长。Frydman 和 Papanikolaou（2018）基于一般均衡模型考察了创新对包容性增长的影响，结果表明技术创新对管理层的收入有更大的促进作用，并且采用相关数据进行实证研究后仍然得到一致的结论。Aghion 等（2018）基于 1988~2012 年芬兰的匹配数据研究企业内部各群体从创新发明中获得的回报，结果显示企业管理层获得了最高的收入回报，占企业总收入回报的 44%。Aghion 等（2019）基于美国州际层面的面板数据直接研究了创新与收入（前 1% 人口的收入占比）之间的关系，研究结果发现创新拉大对前 1% 人口的收入有更大的促进作用，但对其中 99% 人口之间的包容性增长并没有显著的影响。因此可推断企业进行创新带来的收入增长绝大部分是被企业的雇主和管理层所占有。Aghion 等（2019）根据英国的相关数据研究创新带来的工资溢价，研究发现 R&D 密集度较高的企业支付的平均工资相对更高，并且在那些低技能的职业中体现得更为明显。而 Benos 和 Tsiachtsiras（2019）根据 29 个国家的面板数据进行实证研究，结果发现创新促进了包容性增长。

也有一些研究间接验证了创新对包容性增长的影响。Rosen（1981）的研究结果发现随着市场一体化程度的提高，生产率更高的企业获得了更多的收入份额占比，企业的拥有者和管理层获得了更高的收入回报，而生产率更高的企业往往是那些创新能力比较高的企业。另外，大规模公司一般也具有较强的创新能力，而 Gabaix 和 Landier（2008）的研究显示公司规模的扩张会提高企业 CEO 的收入。Song 等（2019）研究发现，收入存在发散趋势大部分程度上是由企业间的收入分布变化而非企业内部的收入分布变化造成的。此外，技术变革在很大程度上是由技术创新带来的，一些研究从技术变革角度间接研究了创新对包容性增长的影响。Krusell 等（2000）研究发现，设备库存和技术溢价存在着显著的相关性。此外，Caselli（1999）、Card 和 DiNardo（2002）、Aghion 等（2002）也均认为一般的技术变革对包容性增长产生了不利影响。

国内的相关研究中缺乏直接研究创新对包容性增长影响的相关文献，也是从技术变革角度进行的相关研究。陈宇峰等（2013）基于中国 1999~2008 年的工业数据研究技术偏向与中国劳动收入份额的关系，结果发现技术偏向性是劳动收入份额长期运行的关键因素。王晓霞和白重恩（2014）认为劳动收入份额格局根本因素可归纳为经济结构转型、有偏技术进步、产品和要素市场扭曲三个方面。王林辉等（2015）基于 1978~2012 年的省级面板数据进行研究，结果显示中国的技术进步整体上呈现资本偏向性，即更有助于提高资本边际产出。

另外，值得注意的是创新与包容性增长之间存在着双向因果关系，即创新会影响包容性增长，包容性增长也会反过来影响创新，国内外均有从企业包容性增长影响企业创新的角度进行相关研究。Lazonick（2003）指出超额利润共享制能够为管理层和员工之间带来激励效应，从而促进企业创新。Hatipoglu（2012）认为包容性增长能够提高买得起新产品的消费者，新产品的发明者会因此而改变自己的预期收益和创新决策。Chang 等（2015）从员工激励视角研究，结果发现员工持股会促进企业创新。Firth 等（2015）的研究发现企业内部包容性增长会促进团队合作和生产率，对企业创新造成正向影响。孔东民等（2017）以中国 A 股上市公司数据进行研究，研究结果表明包容性增长对企业创新并不会带来正向影响。此外，还有一部分研究考察了企业内部包容性增长对企业绩效的影响（Kale 等，2009；Rodríguez-Pose 和 Tselios，2009；黎文靖和胡玉明，2012；杨志强和王华，2014；Bertola 等，2014；Banker 等，2016）。

相比以往研究，本章的贡献主要体现在如下几个方面：第一，对中国的创新影响包容性增长的研究多数是从技术变革等角度间接进行考察，本章直接考察了创新对包容性增长的影响，并在此基础上考察了创新影响包容性增长的效果在国企与非国企、东部与中西部地区之间的差异。第二，Aghion 等（2019）发现创新对前 1% 人口的收入有更大的促进作用，但对剩余 99% 人口的包容性增长并未产生显著的影响。由此可知，创新促进了尤其是美国最高收入群体的收入增长，国内是否如此？基于城乡视角进行考察无法检验上述结论，城乡差异只能粗略地测度收入分布。基于微观个体调查数据则缺乏相应的创新数据或没有进行创新，微观个体调查数据也往往多是收入较低群体。而上市公司管理层则在一定程度上代表了高收入群体。本章基于企业层面数据，通过企业内部包容性增长、企业间管理层包容性增长、企业间员工包容性增长多角度考察创新影响包容性增长的效果，更加全面认识到创新的影响效果，检验 Aghion 等（2019）的研究结论是否在中国成立。第三，虽然创新能够显著影响包容性增长，但如何对创新影响包容性增长的机制进行检验是一个难点，对创新影响包容性增长的机制缺乏相应的实证检验。本章对创新通过"替代效应"与"生产率效应"影响包容性增长的机制进行实证研究，这也是本章的重要贡献之一。第四，在实证方法上，本章采用了 Firpo 等（2009）提出的 RIF 回归分析方法研究了创新对包容性增长的影响，更加客观地考察创新影响包容性增长的效果，为如何采取有效的政策以促进包容性增长提供相关经验证据。

第二节 研究设计

一、基准回归模型

基于企业层面数据研究创新对管理层薪酬、员工薪酬以及企业内部管理层——员工包容性增长的影响所使用的计量模型表达式为：

$$\ln\left(\text{income}_1\right)_{it+1} = \beta_{11}\ln\left(\text{innov}_{it}\right) + \beta_{12}X_{it} + \sum \text{Year} + \sum \text{Industry} + \varepsilon_{1it+1} \quad （3-1）$$

$$\ln\left(\text{income}_2\right)_{it+1} = \beta_{21}\ln\left(\text{innov}_{it}\right) + \beta_{22}X_{it} + \sum \text{Year} + \sum \text{Industry} + \varepsilon_{2it+1} \quad （3-2）$$

$$\text{share}_{it+1} = \beta_{31}\ln\left(\text{innov}_{it}\right) + \beta_{32}X_{it} + \sum \text{Year} + \sum \text{Industry} + \varepsilon_{3it+1} \quad （3-3）$$

其中，income_1 和 income_2 分别表示管理层的薪酬水平和员工的薪酬水平，innov 表示创新产出水平，share 表示管理层薪酬与员工薪酬水平的相对比例即 income₁/income₂。X 表示控制变量，包括企业规模、上市公司年龄、所有制性质、资产负债率、融资约束、托宾 Q 等一些企业的特征指标。此外，本章还控制了行业和年度固定效应。由于将创新产出转化为实际收入需要一定时间，同时将所有解释变量滞后一期，同时也可以减弱创新与包容性增长之间双向因果关系所导致的内生性问题[①]。

然而上述设定只能够检验创新对企业内部包容性增长的影响，无法检验企业间包容性增长的影响，也无法对 Aghion 等（2019）的结论在国内是否成立进行检验。本章采用 RIF 回归方法对此进行实证研究，所设定的 RIF 回归方程如下：

$$v(F) = E_y\left(RIF(y;v)\right) = \lambda_1 \ln(innov) + \lambda_2 X + \sum Year + \sum Industry + \varepsilon \quad (3-4)$$

各解释变量的含义与上述相同，v 表示刻画分布 F（y）的各种统计量，包括均值、分位数、基尼系数、方差等。y 在本章中特指企业管理层和员工的薪酬水平，ε 表示 RIF 回归的残差。本章反映的管理层薪酬、员工薪酬分布的统计量为分位数以及方差。方差能在整体上反映出创新对管理层薪酬、员工薪酬差距的变化，不同分位数能刻画整个分布上薪酬水平的变化，从而得到更加详细的估计结果。

二、变量选择与说明

本章中的核心解释变量为创新。衡量创新的指标通常有创新投入（研发投入）、创新产出（专利申请数、专利授权数等）。一般认为，研发不一定能够带来创新产出，研发投入指标多用于早期的相关研究。相比之下研

发产出专利是更好的代理变量，专利授权数往往可能存在时滞等情况，多数研究认为专利申请数是更好地测度创新产出的指标。因此根据多数研究的做法，本章采用各上市公司当年的专利申请数进行衡量。但值得注意的是，并不是所有的专利申请都能够得到授权，采用专利申请数作为创新变量也可能夸大创新水平，采用专利申请数也会存在相应的缺陷。

管理层平均薪酬，参照孔东民等（2017）的算法，根据（董事、监事及高管年薪总额）/管理层规模（董事人数、高管人数、监事人数之和减去独立董事人数、未领取薪水的董事、监事和高管）计算得到。员工平均薪酬根据（应付职工薪酬＋支付给职工以及为职工支付的现金－董事、监事及高管年薪总额）/员工人数计算得到。

所使用的控制变量包括：企业规模，采用总资产的自然对数值衡量；财务杠杆由总负债除以总资产计算得到；托宾 Q 采用市值除以总资产计算得到；融资约束由经营性现金流除以总资产计算得到；企业所有权，若该上市公司为国有，则记为 1，反之则为 0。另外，行业虚拟变量依据证监会的二位数行业代码进行分类。

本章所使用的数据来源于国泰安 CSMAR 数据库。由于创新在制造业企业中更为重要，本章所使用的上市公司样本为制造业上市公司的样本。经过筛选，最终所使用的样本为 2007~2018 年 10867 家上市公司的非平衡面板数据。各变量的描述性统计如表 3-1 所示[①]。由表 3-1 可知，管理层平均薪酬的对数均值为 12.533，员工平均薪酬的对数均值为 11.306，说明了管理层的平均薪酬高于员工。另外，变量管理层平均薪酬的标准差相比员工平均薪酬也更大，这表明企业间管理层的薪酬分布或差距相比员工更大。管

[①] 表 3-1 及之后表格中的管理层平均薪酬、员工平均薪酬、创新均指取过自然对数后的变量。

理层与员工薪酬相对比例的均值为 4.121，说明了管理层平均薪酬大约是员工平均薪酬的 4.121 倍。另外，是否国有上市公司变量的均值为 0.371，表明本章所使用的样本中大约有 37.10% 是国有上市公司，62.90% 为非国有上市公司。

表 3-1　主要变量的描述性统计

变量	样本量	平均值	标准差	中位数
管理层平均薪酬	10867	12.533	0.713	12.526
员工平均薪酬	10867	11.306	0.554	11.319
管理层与员工薪酬相对比例	10867	4.121	3.273	3.268
创新（专利申请数）	10867	3.021	1.494	2.996
融资约束	10867	0.043	0.071	0.041
企业规模	10867	21.871	1.162	21.722
财务杠杆	10867	0.428	1.034	0.404
企业年龄	10867	14.413	5.564	14.000
托宾 Q	10867	2.340	2.164	1.807
是否国有上市公司	10867	0.371	0.483	0.000

资料来源：根据国泰安 CSMAR 数据库计算得到。

第三节　创新对企业内部包容性增长的影响

一、基准模型估计

本章首先分析创新对企业内部管理层薪酬、员工薪酬及两者相对比例的影响，依据模型（3-1）至模型（3-3）进行估计的结果如表3-2所示。

表3-2 创新影响企业内部包容性增长的基准模型估计

	（1）	（2）	（3）
	管理层平均薪酬	员工平均薪酬	管理层薪酬/员工薪酬
创新	0.059*** （9.842）	0.026*** （5.597）	0.160*** （5.740）
企业规模	0.202*** （19.820）	0.055*** （6.520）	0.866*** （15.803）
财务杠杆	−0.002 （−0.180）	−0.012 （−0.999）	0.029*** （3.910）
融资约束	1.187*** （10.701）	0.437*** （5.248）	3.194*** （6.450）
企业年龄	−0.005*** （−3.702）	−0.005*** （−4.763）	0.023*** （3.335）
托宾Q	0.033*** （4.259）	0.031*** （4.057）	0.044*** （3.273）
是否国有上市公司	−0.003 （−0.149）	0.119*** （8.624）	−0.590*** （−7.061）
行业固定效应	控制	控制	控制
年度固定效应	控制	控制	控制
样本量	10867	10867	10867
调整后的 R^2	0.162	0.072	0.128

注：*、** 和 *** 分别表示在10%、5%和1%的水平下显著；括号内为基于行业层面聚类稳健标准误调整后得到的t统计值。

资料来源：根据国泰安CSMAR数据库计算得到。

由表3-2中列（1）可知，创新变量的系数为正且在1%的显著性水平下显著，这表明创新提高了企业内部管理层的薪酬水平。由表3-2中列

（2）可知，创新变量的系数仍然为正且在1%的显著性水平下显著，这表明创新提高了企业内部员工的薪酬水平。列（1）中创新变量的估计系数0.059显著大于列（2）的0.026，这表明创新同时提高了企业内部管理层和员工的平均薪酬水平，但对管理层平均薪酬水平的促进作用更大，对管理层与员工之间的包容性增长产生了不利影响。列（3）的估计系数同样显著为正，进一步说明了创新对管理层薪酬的促进作用更大。由控制变量的系数可知，企业规模、财务杠杆、融资约束、企业年龄、市值与总资产的比重、企业所有权均会对包容性增长产生一定程度的影响。

二、内生性问题的处理：工具变量估计

虽然表3-2说明了创新对管理层薪酬的促进作用更大，对员工薪酬的促进作用较小，从而对企业内部的包容性增长产生了不利影响。但包容性增长也会反过来影响创新，表3-2中的结果可能由于双向因果效应带来内生性问题，虽然滞后一期的处理能够在一定程度上减弱双向因果导致的内生性，但仍然也有可能由于遗漏变量而带来偏误。本章运用工具变量回归对内生性问题进行处理，所选择的工具变量为上市公司所处省份的地方政府科学技术支出的自然对数。地方政府科学技术支出能够提高上市公司的创新产出进而影响企业的管理层和员工收入，但地方政府科学技术支出也能通过其他渠道影响到一个企业的收入，如通过影响当地高校和科研院所的创新产出，由于知识的溢出效应对一个企业的收入产生影响。但其他渠道带来的影响不会对此工具变量的外生性产生严重影响，这是因为本章的创新产出变量为专利申请数，其他机构的专利申请数要在1~2年后才会得到授权，企业将其他机构专利授权所产生的溢出效应转化为实际收入则又存在一定的滞后。本章采用工具变量进行估计的结果如表3-3所示，其

中列（1）为第一阶段的估计结果，列（2）至列（4）为第二阶段的估计结果。

表 3-3　创新影响企业内部包容性增长的工具变量估计

	（1）	（2）	（3）	（4）
	创新	管理层平均薪酬	员工平均薪酬	薪酬比例
政府科技支出	0.317*** （10.768）	—	—	—
创新	—	0.590*** （9.253）	0.245*** （5.235）	1.742*** （6.228）
企业规模	0.706*** （34.825）	−0.176*** （−3.809）	−0.100*** （−3.053）	−0.259 （−1.325）
财务杠杆	0.006 （0.924）	−0.006 （−0.683）	−0.013 （−1.247）	0.018 （1.238）
融资约束	1.114*** （5.636）	0.559*** （3.180）	0.178 （1.628）	1.324** （1.993）
企业年龄	−0.010*** （−4.602）	0.000 （0.087）	−0.003** （−2.270）	0.038*** （4.552）
托宾 Q	0.040*** （6.026）	0.011 （1.242）	0.021*** （2.704）	−0.023 （−1.288）
是否国有上市公司	0.031 （1.004）	0.010 （0.430）	0.124*** （8.442）	−0.553*** （−6.239）
行业固定效应	控制	控制	控制	控制
年度固定效应	控制	控制	控制	控制
样本量	10867	10867	10867	10867
调整后的 R^2	0.423	—	—	—

注：*、** 和 *** 分别表示在 10%、5% 和 1% 的水平下显著；括号内为基于行业层面聚类稳健标准误调整后得到的 t 统计值。

资料来源：根据国泰安 CSMAR 数据库和《中国统计年鉴》数据计算得到。

由表 3-3 中列（1）的估计结果可知，政府科技支出变量的系数为正且显著，表明当地政府的科学技术支出显著促进了上市公司的创新产出。由列（2）至列（4）变量创新的估计系数可知，创新同时提高了企业内部管理层和员工的平均薪酬水平，但对管理层平均薪酬水平的促进作用更大。这与表 3-2 得到的结论是一致的，只是在系数大小上存在一些差异。

三、稳健性检验

为了保证本章研究结论的可靠性，本章作如下稳健性检验方法。

首先，专利申请数和专利授权数均是测度创新产出的指标，各有优劣。本章所使用的创新产出指标为专利申请数，而有的研究认为专利授权数是测度创新产出更加合理的指标。本章将创新产出指标替换为专利授权数后再次进行估计，估计结果如表 3-4 所示。

表 3-4 稳健性检验：替换创新产出变量（专利授权数）

	（1）	（2）	（3）
	管理层平均薪酬	员工平均薪酬	薪酬比例
创新	0.068*** （11.043）	0.041*** （8.734）	0.137*** （4.591）
控制变量	控制	控制	控制
行业固定效应	控制	控制	控制
年度固定效应	控制	控制	控制
样本量	9849	9849	9849
调整后的 R^2	0.165	0.077	0.130

注：*、** 和 *** 分别表示在 10%、5% 和 1% 的水平下显著；括号内为基于行业层面聚类稳健标准误调整后得到的 t 统计值。

资料来源：根据国泰安 CSMAR 数据库计算得到。

由表 3-4 可知，创新产出对管理层平均薪酬、员工平均薪酬、管理层与员工薪酬比例的影响为正且通过了 1% 水平下的显著性检验。与表 3-2 中的基准回归结果中的列（1）和列（2）相比，创新产出变量的估计系数更大。这可能是由于专利授权数是"质量更高"的专利，从而对管理层和员工薪酬水平的促进作用更大。另外，创新虽然拉大对管理层的薪酬有更大的促进作用，但估计系数较表 3-2 中的列（3）较小。这说明专利授权对管理层与员工薪酬比例的影响略低于专利申请数。但总体而言，将创新产出指标替换为专利授权数以后再次进行估计，同样发现创新对管理层的薪酬有更大的促进作用，在影响大小上存在差异，但基本结论一致。

其次，本章在考察创新影响企业薪酬和薪酬比例的影响时，选择了滞后一期。但申请的专利往往 1~2 年后才会得到授权，美国的经验证据显示从专利申请到授权的平均时间为两年，在专利得到授权后，发明者的工资收入会得到跳跃式上升（Aghion 等，2019），并且在实证研究发现专利申请对美国的收入分布影响选择滞后二期是更为合理的选择。本章采取滞后二期再次进行估计，这样可以检验选择不同滞后期是否会对估计结果产生显著影响，而选择滞后二期可以进一步弱化创新与包容性增长的双向因果所带来的内生性。估计结果如表 3-5 所示。

表 3-5 稳健性检验：变更滞后期（滞后二期）

	（1）	（2）	（3）
	管理层平均薪酬	员工平均薪酬	薪酬比例
创新	0.061*** （9.971）	0.019*** （4.751）	0.207*** （6.121）
控制变量	控制	控制	控制

续表

	（1）	（2）	（3）
	管理层平均薪酬	员工平均薪酬	薪酬比例
行业固定效应	控制	控制	控制
年度固定效应	控制	控制	控制
样本量	7450	7450	7450
调整 R^2	0.319	0.255	0.131

注：*、** 和 *** 分别表示在 10%、5% 和 1% 的水平下显著，括号内为基于行业层面聚类稳健标准误调整后得到的 t 统计值。

资料来源：根据国泰安 CSMAR 数据库计算得到。

由表 3-5 可知，将滞后一期替换为滞后二期后，创新产出变量的估计系数仍然为正且通过了 1% 水平下的显著性检验。这进一步说明了创新产出提高了管理层薪酬水平、员工薪酬水平以及管理层与员工的薪酬相对比例。与表 3-2 中的基准回归模型相比可知，创新产出对管理层平均薪酬的促进作用相对更大，对员工平均薪酬的促进作用更小，对管理层与员工薪酬相对比例的影响也更大。因此，如果滞后二期减弱双向因果导致的内生性能够带来更加准确的估计结果，那么表 3-2 中创新拉大管理层与员工薪酬差距的结果是偏小的。但无论如何，更换滞后期并不会改变本章的基本结论。

最后，本章在模型估计时并没有控制省份固定效应。而每个省份的经济环境相差较大，各省份的经济政策和经济环境（如对外开放程度、市场化水平）也会对企业的管理层和员工收入产生影响，不控制省份虚拟变量有可能使上述结果带来较为严重的偏误。对此，本章在上述模型中进一步控制上市公司所在省份的虚拟变量进行估计，估计结果如表 3-6 所示。

表 3-6　稳健性检验：控制省份固定效应

	（1）	（2）	（3）
	管理层平均薪酬	员工平均薪酬	薪酬比例
创新	0.050*** （8.721）	0.022*** （4.804）	0.133*** （5.012）
控制变量	控制	控制	控制
省份固定效应	控制	控制	控制
行业固定效应	控制	控制	控制
年度固定效应	控制	控制	控制
样本量	10867	10867	10867
调整后的 R^2	0.218	0.126	0.158

注：*、** 和 *** 分别表示在 10%、5% 和 1% 的水平下显著；括号内为基于行业层面聚类稳健标准误调整后得到的 t 统计值。

资料来源：根据国泰安 CSMAR 数据库计算得到。

由表 3-6 可知，创新产出变量的估计系数仍然为正且通过了 1% 水平下的显著性检验。同样说明了创新产出促进了管理层与员工的薪酬水平，并且对管理层薪酬水平的促进作用更大。与表 3-2 中的基准回归结果相比，表 3-6 中创新产出变量的估计系数较低。但估计结果得到的结论与前文基本一致，而且系数大小差异也相对不大。这进一步验证了本章的研究结论具有一定程度的稳健性。

综上所述，无论是替换创新产出变量，更换滞后期还是进一步控制省份固定效应，估计结果均发现，创新产出促进了管理层与员工的薪酬水平，并且对管理层薪酬水平的促进作用更大，得到的结论与正文基本一致。

四、异质性检验

非国有企业和国有企业面临不同的激励和约束，加上政府对国有企业的限薪等政策，创新对国有企业和非国有企业内部薪酬差距也会可能存在显著性差异。另外，东部和中西部地区的经济环境存在较大差异，创新的作用在地区间也会存在显著性差异，对地区间上市公司薪酬水平的影响也可能会带来显著性的差异。于是在上述分析基础上，本章将样本分为国有企业和非国有企业、东部地区和中西部地区，再次对模型（3-1）和模型（3-3）进行估计。基于所有权分类进行估计的结果如表3-7所示，基于地区分类进行估计的结果如表3-8所示。

表3-7　创新对企业内部包容性增长的影响：所有权性质的差异

	国有企业			非国有企业		
	（1）	（2）	（3）	（4）	（5）	（6）
	管理层平均薪酬	员工平均薪酬	薪酬比例	管理层平均薪酬	员工平均薪酬	薪酬比例
创新	0.051***（4.965）	0.021***（2.736）	0.162***（3.263）	0.055***（7.583）	0.029***（4.781）	0.124***（4.105）
控制变量	控制	控制	控制	控制	控制	控制
行业固定效应	控制	控制	控制	控制	控制	控制
年度固定效应	控制	控制	控制	控制	控制	控制
样本量	4029	4029	4029	6838	6838	6838
调整后的 R^2	0.214	0.111	0.106	0.140	0.054	0.186

注：*、** 和 *** 分别表示在10%、5% 和1% 的水平下显著；括号内均为基于行业层面聚类稳健标准误调整后得到的 t 统计值。

资料来源：根据国泰安 CSMAR 数据库计算得到。

表 3-8 创新对企业内部包容性增长的影响：地区差异

	东部地区			中西部地区		
	（1）	（2）	（3）	（4）	（5）	（6）
	管理层平均薪酬	员工平均薪酬	薪酬比例	管理层平均薪酬	员工平均薪酬	薪酬比例
创新	0.062*** （9.117）	0.020*** （3.464）	0.215*** （6.309）	0.028** （2.482）	0.022*** （3.265）	0.002 （0.041）
控制变量	控制	控制	控制	控制	控制	控制
行业固定效应	控制	控制	控制	控制	控制	控制
年度固定效应	控制	控制	控制	控制	控制	控制
样本量	7313	7313	7313	3687	3687	3687
调整后的 R^2	0.179	0.060	0.151	0.181	0.103	0.093

注：*、** 和 *** 分别表示在 10%、5% 和 1% 的水平下显著；括号内均为基于行业层面聚类稳健标准误调整后得到的 t 统计值。

资料来源：根据国泰安 CSMAR 数据库计算得到。

由表 3-7 可知，无论是国有企业还是非国有企业，创新产出变量的估计系数均为正且通过了 1% 水平下的显著性检验，均说明了创新会促进管理层和员工薪酬水平的提升。其中，创新对管理层薪酬水平提升的促进作用更大，对员工薪酬水平的促进作用相对较小，从而对企业内部的包容性增长产生了不利影响。比较系数大小可知，创新对国有企业管理层和员工薪酬水平的促进作用均低于非国有企业，但对国有企业内部薪酬比例的影响却大于非国有企业。这表明创新拉大了管理层与员工的薪酬比例，这种效果在国有企业和非国有企业内部均得到了体现。

由表 3-8 可知，创新产出对东部地区上市公司管理层和员工薪酬水平的促进作用为正且通过了 1% 水平下的显著性检验，并且对管理层薪酬水平的促进作用更大。创新对中西部地区上市公司管理层和员工薪酬水平的促进作用也为正且通过了显著性检验，但两者相差不大，对管理层薪酬水平的促进作用略高于员工，在一定程度上提高了管理层与员工薪酬的相对比例。

第四节　创新对企业间包容性增长的影响

虽然上述研究说明了创新拉大了企业内部的薪酬相对比例，但创新对企业间的包容性增长是否带来了显著的促进作用？对创新影响企业间包容性增长的效果进行研究不仅可以对 Aghion 等（2019）的结论进行检验，也能够对创新影响包容性增长的效果进行更加客观的了解和认识。本部分所采用 RIF 回归模型进行实证研究。

一、创新对企业间管理层包容性增长的影响

为了研究创新对企业间管理层包容性增长的影响进行研究，本章采用 RIF 分位数回归间接研究创新的影响，即在模型（3-4）中以分位数作为要分析的统计量进行估计。为了对 Aghion 等（2019）的结论是否成立进行检验，在分位数估计结果的展示中在高分位点进行了更为细致的划分，本章选取了 0.100、0.250、0.400、0.500、0.600、0.750、0.900、0.950、0.975、0.990 等分位点进行估计，估计结果如表 3-9 所示。

表 3-9　创新对企业管理层薪酬水平的影响：RIF 分位数回归结果

分位数	0.100	0.250	0.400	0.500	0.600	0.750	0.900	0.950	0.975	0.990
创新	0.061*** （6.179）	0.057*** （7.141）	0.056*** （8.079）	0.057*** （7.772）	0.059*** （7.904）	0.052*** （6.190）	0.062*** （5.864）	0.076*** （5.071）	0.120*** （5.190）	0.177*** （4.556）

续表

分位数	0.100	0.250	0.400	0.500	0.600	0.750	0.900	0.950	0.975	0.990
控制变量	控制	控制	控制	控制	控制	控制	控制	控制	控制	控制
行业	控制	控制	控制	控制	控制	控制	控制	控制	控制	控制
年度	控制	控制	控制	控制	控制	控制	控制	控制	控制	控制
样本量	10867	10867	10867	10867	10867	10867	10867	10867	10867	10867
调整后的 R^2	0.039	0.062	0.091	0.108	0.121	0.131	0.097	0.076	0.058	0.040

注：*、** 和 *** 分别表示在 10%、5% 和 1% 的水平下显著；括号内均为基于行业层面聚类稳健标准误调整后得到的 t 统计值。

资料来源：根据国泰安 CSMAR 数据库计算得到。

由表 3-9 可知，当分位点位于 0.100~0.750 时，创新变量在各分位点的系数大小变化不大，整体是较为平缓的变化趋势。这表明随着管理层薪酬水平的提高，创新对管理层薪酬的促进作用在各分位点不存在显著的差异，对管理层的包容性增长影响并不明显。然而从 0.900 分位点开始，创新变量在各分位点的系数发生了显著的提高，在 0.900、0.950、0.975、0.990 四个分位点的估计系数分别为 0.062、0.076、0.120、0.177。这表明当管理层薪酬达到一定程度的高水平后，创新对管理层薪酬的促进作用会变大，又会拉大企业间管理层的包容性增长产生不利的影响。由此可知，创新虽然不利于企业间管理层的包容性增长，但是仅对一部分最高收入的管理层带来了更显著的促进作用，非最高收入的部分管理层之间的包容性增长并没有显著受到创新的影响。这也在一定程度上支持了 Aghion 等（2019）的结论，即创新会提高最高收入部分群体的收入所占比重。

二、创新对企业间员工包容性增长的影响

本章继续采用 RIF 分位数回归方法研究创新对员工薪酬水平的影响，所选取的分位点与表 3-9 相同。估计结果如表 3-10 所示。

表 3-10　创新对企业员工薪酬水平的影响：RIF 分位数回归结果

分位数	0.100	0.250	0.400	0.500	0.600	0.750	0.900	0.950	0.975	0.990
创新	0.024*** (2.869)	0.027*** (4.174)	0.027*** (5.000)	0.029*** (5.617)	0.027*** (4.716)	0.026*** (4.529)	0.021** (2.551)	0.011 (0.926)	0.014 (0.745)	−0.006 (−0.205)
控制变量	控制	控制	控制	控制	控制	控制	控制	控制	控制	控制
行业	控制	控制	控制	控制	控制	控制	控制	控制	控制	控制
年度	控制	控制	控制	控制	控制	控制	控制	控制	控制	控制
样本量	10867	10867	10867	10867	10867	10867	10867	10867	10867	10867
调整后的 R^2	0.030	0.038	0.042	0.050	0.053	0.050	0.037	0.032	0.021	0.009

注：*、** 和 *** 分别表示在 10%、5% 和 1% 的水平下显著；括号内均为基于行业层面聚类稳健标准误调整后得到的 t 统计值。

资料来源：根据国泰安 CSMAR 数据库计算得到。

由表 3-10 可知，当分位点位于 0.100~0.900 时，创新变量在各分位点的系数大小变化不大，整体是较为平缓的变化趋势，基本维持在 0.027 附近。这表明随着员工薪酬水平的提高，创新对员工薪酬的促进作用在各分位点不存在显著差异，对员工收入的包容性增长的影响并不明显。然而从 0.950 分位点开始，创新变量在各分位点的系数发生了下降并且没有通过显著性检验。这表明当员工薪酬达到一定水平后，创新对员工薪酬的促进作用不再显著，又会促进企业间员工的包容性增长。可能的原因是，收

入水平最高的部分员工跳槽未必能获得更高的收入水平，留在当下的公司能够获得的收入更高。但是该部分员工的薪酬较高，进一步提高的空间较小，创新对其薪酬的促进作用就会降低，除非进入到管理层，实现职级的提升。

比较表 3-9 和表 3-10 的估计结果可知，在各个分位点，创新对管理层薪酬水平的促进作用均高于员工薪酬水平，这进一步说明了创新对管理员的薪酬水平有更大的促进作用。在薪酬水平相对不高时，创新对管理层和员工薪酬水平的促进作用在各个分位点不存在显著差异。但当薪酬水平达到一定高度后，创新对管理层薪酬水平的促进作用变大，而创新对员工薪酬水平的促进作用则变小，说明创新对管理层薪酬水平与员工薪酬水平的促进作用变化存在着较为明显的差异。

三、创新影响企业间包容性增长的进一步证据

上述 RIF 分位数估计结果间接考察了创新对企业间包容性增长的影响，为了更直观地观察到创新影响企业间包容性增长的效果，本章通过构造方差、Q50-Q10、Q90-Q50、Q95-Q90、Q97.5-Q90、Q99-Q90 等统计量来检验创新对企业间包容性增长的影响，估计的结果如表 3-11 所示。

表 3-11　创新对企业间包容性增长的影响：RIF 回归结果

	方差	Q50-Q10	Q90-Q50	Q95-Q90	Q97.5-Q90	Q99-Q90
管理层薪酬						
创新	0.009 （1.161）	−0.004 （−0.405）	0.004 （0.371）	0.014 （1.288）	0.058*** （2.862）	0.116*** （3.108）
控制变量	控制	控制	控制	控制	控制	控制

续表

	方差	Q50-Q10	Q90-Q50	Q95-Q90	Q97.5-Q90	Q99-Q90
员工薪酬						
创新	−0.007 （−1.361）	0.005 （0.529）	−0.007 （−0.878）	−0.010 （−1.312）	−0.007 （−0.421）	−0.027 （−1.081）
控制变量	控制	控制	控制	控制	控制	控制

注：*、** 和 *** 分别表示在 10%、5% 和 1% 的水平下显著；括号内均为基于行业层面聚类稳健标准误调整得到的 t 统计值；上述回归中均控制了行业固定效应和年度固定效应；Qx−Qy 表示 x% 分位数与 y% 分位数之差。

资料来源：根据国泰安 CSMAR 数据库计算得到。

表 3-11 的结果显示，以方差作为统计量时，创新对管理层包容性增长的影响为负，对员工包容性增长的影响为正，这表明创新不利于企业间管理层的收入收敛，却有利于企业间员工的收入收敛。但创新变量的系数较小，均没有通过显著性检验，这表明创新对企业间管理层包容性增长和员工包容性增长产生了相反的效果，但影响并不明显。

当以 Q50-Q10、Q90-Q50 作为统计量时，创新对管理层包容性增长的影响较小，创新变量的系数分别为 −0.004 和 0.004，且没有通过显著性检验，这表明创新对管理层的包容性增长也没有显著的影响。但以 Q95-Q90、Q97.5-Q90、Q99-Q90 作为统计量时，创新变量对管理层包容性增长的影响开始变大，创新变量的系数分别为 0.014、0.058 和 0.116，其中后面两个系数均通过了显著性检验，这表明当管理层薪酬达到一定水平后，创新会对收入会产生更大的促进作用，这也进一步验证了表 3-9 中的结论。创新影响员工薪酬的估计结果显示，各分位统计量的估计系数显示，创新对企业间员工薪酬的影响均不显著，这可能是由于创新对于员工薪酬的促进作用较小。虽然系数统计值没有通过显著性检验，但多数系数估计值为负，这表明创新在整体上促进了企业间员工的包容性增长。

四、稳健性检验说明

为了保证本章研究结论的可靠性，在采用 RIF 回归方法考察创新对企业间管理层包容性增长和员工包容性增长的影响时，本章采用了与创新影响企业内部管理层与员工薪酬差距相同的稳健性检验方法。采用将创新产出指标专利申请数替换为专利授权数、选择滞后二期进一步弱化创新与包容性增长的双向因果所带来的内生性并检验创新的影响是否会由于滞后期不同而产生较大的变化、在上述模型基础上控制省份固定效应等方法进行稳健性检验，结果发现替换创新产出变量、变更滞后期、进一步控制省份固定效应得到的结论与前文基本一致，而且系数大小差异也相对不大。这说明本章的研究结论具有稳健性。

五、异质性检验

由于国有企业和非国有企业之间可能存在显著性差异，本章将所使用的样本分为国有企业和非国有企业两个组别，再次采用 RIF 分位数回归方法分别研究创新对国有企业和非国有企业间包容性增长的影响，估计结果如表 3-12 所示。

表 3-12　创新对薪酬水平的影响：所有权性质的差异

分位数	0.100	0.250	0.400	0.500	0.600	0.750	0.900	0.950	0.975	0.990
管理层薪酬										
国企	0.065*** (3.891)	0.043*** (3.346)	0.041*** (3.296)	0.029** (2.207)	0.039*** (3.076)	0.040*** (3.004)	0.076*** (4.419)	0.102*** (4.764)	0.134*** (4.333)	0.145** (2.439)
非国企	0.053*** (4.493)	0.058*** (5.996)	0.053*** (6.315)	0.061*** (7.372)	0.056*** (6.745)	0.049*** (5.049)	0.044*** (3.370)	0.044** (2.405)	0.098*** (2.737)	0.172*** (3.987)

续表

分位数	0.100	0.250	0.400	0.500	0.600	0.750	0.900	0.950	0.975	0.990
员工薪酬										
国企	0.029** （2.353）	0.014 （1.479）	0.024*** （2.774）	0.025*** （2.782）	0.020** （2.119）	0.026** （2.532）	0.024* （1.654）	0.015 （0.703）	0.001 （0.039）	−0.054 （−0.853）
非国企	0.017 （1.465）	0.032*** （3.836）	0.032*** （4.912）	0.025*** （3.756）	0.029*** （4.430）	0.025*** （3.713）	0.016 （1.505）	0.005 （0.362）	−0.001 （−0.023）	−0.005 （−0.126）
控制变量	控制	控制	控制	控制	控制	控制	控制	控制	控制	控制
行业	控制	控制	控制	控制	控制	控制	控制	控制	控制	控制
年份	控制	控制	控制	控制	控制	控制	控制	控制	控制	控制

注：*、**和***分别表示在10%、5%和1%的水平下显著；表中的估计系数均为核心变量创新产出的估计系数；括号内均为基于行业层面聚类稳健标准误调整得到的t统计值。

资料来源：根据国泰安CSMAR数据库计算得到。

由表3-12可知，无论是国有企业还是非国有企业，随着分位点的提高，创新变量的系数均表现出了和表3-9、表3-10类似的特征。即在薪酬水平相对不高时，创新对管理层和员工薪酬的促进作用在各个分位点不存在显著差异。但当薪酬水平达到一定高度后，创新对管理层薪酬的促进作用变大。而创新对员工薪酬的促进作用则变小，促进了企业间员工的包容性增长。这也说明创新对企业包容性增长的影响效果在国有企业与非国有企业之间均表现为类似的现象。

另外，比较系数大小可知，在分位点较低的时候，创新对非国有企业管理层薪酬的促进作用大于国有企业。但是当分位点超过0.900时，创新对国有企业管理层薪酬的促进作用却大于非国有企业。这说明了创新使国有企业间管理层的薪酬更加发散。但比较创新对员工薪酬的影响时发现，创新对国有企业员工薪酬和非国有企业员工薪酬在各个分位点整体不存在特别显著的差异，这表明创新对企业间员工包容性增长的影响在国有企业与非国有企业之间不存在显著的差异。同样，由于地区之间可能存在显著性差异，本章将所使用的样本分为东部地区和中西部地区两个组别，再次采用 RIF 分位数回归方法分别研究创新对企业间包容性增长的影响，估计的结果如表 3-13 所示。

表 3-13 创新对薪酬水平的影响：地区差异

分位数	0.100	0.250	0.400	0.500	0.600	0.750	0.900	0.950	0.975	0.990
管理层薪酬										
东部	0.077*** （6.351）	0.060*** （7.071）	0.066*** （8.404）	0.053*** （6.638）	0.048*** （5.660）	0.033*** （3.452）	0.059*** （4.396）	0.101*** （4.990）	0.156*** （5.598）	0.225*** （4.089）
中西部	0.028 （1.418）	0.040*** （2.800）	0.028** （2.124）	0.028** （1.969）	0.027* （1.867）	0.034** （2.248）	0.011 （0.550）	0.008 （0.335）	−0.002 （−0.059）	0.016 （0.298）
员工薪酬										
东部	0.012 （1.093）	0.020*** （2.791）	0.025*** （3.608）	0.026*** （4.001）	0.025*** （3.516）	0.021*** （3.147）	0.006 （0.627）	0.005 （0.299）	0.003 （0.124）	−0.040 （−1.255）
中西部	0.044*** （3.067）	0.038*** （3.513）	0.021** （2.296）	0.018** （2.119）	0.017** （2.053）	0.018** （1.999）	0.027** （2.309）	0.006 （0.345）	0.001 （0.034）	−0.047 （−1.339）
控制变量	控制	控制	控制	控制	控制	控制	控制	控制	控制	控制
行业	控制	控制	控制	控制	控制	控制	控制	控制	控制	控制
年份	控制	控制	控制	控制	控制	控制	控制	控制	控制	控制

注：*、** 和 *** 分别表示在 10%、5% 和 1% 的水平下显著；表中的估计系数均为核心变量创新产出的估计系数；括号内均为基于行业层面聚类稳健标准误调整得到的 t 统计值。

资料来源：根据国泰安 CSMAR 数据库计算得到。

由表 3-13 可知，东部地区创新产出对管理层薪酬的影响表现出了与表 3-9 类似的特征。在薪酬水平相对不高时，创新对管理层和员工薪酬的促进作用在各个分位点不存在显著差异。但当薪酬水平达到一定高度后，创新对管理层薪酬的促进作用变大，使企业间管理层的薪酬更加发散。但是中西部地区创新产出对管理层薪酬的影响却表现出了不同的效果，表现出的特征与创新产出对员工的影响类似。即当薪酬水平达到一定高度后，创新对员工薪酬的促进作用则变小，促进了企业间员工的包容性增长。另外，创新促进员工包容性增长的效应在东部地区和中西部地区表现出了类似的效果。

综上所述，无论是按所有权性质分类还是按地区分类，创新对员工薪酬的影响随着分位点的变化表现出的特征均是类似的，促进了企业间员工的包容性增长。而创新对国有企业和非国有企业管理层薪酬的促进效果与全样本类似，但是在东部和中西部地区表现出的促进效果存在显著的差异。即创新不利于东部地区管理层的包容性增长，但这种效果在中西部地区并没有得到体现。由此可知，创新影响管理层薪酬差距效果随着分位点变化表现出的特征不会由于所有权性质差异产生很大变化，但是会由于地区差异产生很大变化。这也说明了地区差异是一个需要考虑的重要因素。

第五节　创新影响包容性增长的机制：
"替代效应"与"生产率效应"

创新影响包容性增长的渠道分为"替代效应"与"生产率效应"两个渠道。本章将企业内部的群体分为管理层、高技能员工、低技能员工三个部分，其中管理层和高技能员工属于高技能劳动力，低技能员工属于低技能劳动力。设管理层、高技能员工、低技能员工的相对供给分别为 H_1、H_2、L，相对技术水平分别为 A_{H1}、A_{H2}、A_L。由于"生产率效应"，即根据技能偏向型的技术进步理论，技能水平越高的劳动力越能够利用创新提高自己的技术水平，即创新对 A_{H1} 的促进作用最大，对 A_L 的促进作用最小，从而不利于企业管理层与员工的包容性增长，也不利于高技能员工与低技能员工的包容性增长。由于"替代效应"，创新提高了高技能劳动力的相对供给，即提高了（H_1+H_2/L）。但由于管理层规模一般很难变化，高技能劳动力的增加主要是高技能员工数量的上升，H_2/L 的提高能够促进员工之间的包容性增长。另外，由于员工当中高技能劳动力相对增多，而高技能劳动力的收入水平高于低技能劳动力，在技术水平不变的情况下，高技能劳动力水平的相对增加会提高员工的收入水平，从而促进管理层与员工的包容性增长。本章此部分对此机制进行实证检验。

一、"替代效应"检验

"替代效应"机制表示创新由于创造了新产品和新技术，增加了对高技能劳动力的需求，减少了对低技能劳动力的需求，因此提高了最终高技能劳动力供给的相对增加，促进了管理层和员工之间的包容性增长。本章分别采用企业内部本科以上学历员工所占比重和技术人员所占比例衡量高技能劳动力相对低技能劳动力的相对供给，用于检验可能存在的"替代效应"机制。为了使结果具有可比性，结合数据的可得性，本章在以本科以上学历员工所占比重和技术人员所占比例衡量高技能劳动力的相对供给时，分别采用了各自对应的样本。由于 CSMAR 数据库缺少本科以上学历员工所占比重和技术人员所占比例的数据，这两个变量的数据来源于 Wind 数据库，所使用的样本为 2011~2017 年的制造业上市公司样本。同时，对各解释变量取滞后一期，减弱存在的内生性问题。估计结果如表 3-14 所示。

表 3-14 "替代效应"机制的检验结果

	（1）	（2）	（3）	（4）	（5）	（6）
	本科以上占比	技术人员占比	薪酬比例	薪酬比例	薪酬比例	薪酬比例
创新	1.473*** （10.761）	0.471*** （4.046）	0.193*** （5.970）	0.242*** （7.324）	0.165*** （4.927）	0.177*** （5.287）
本科以上占比	—	—	—	−0.033*** （−13.299）		
技术人员占比	—	—	—			−0.025*** （−7.911）
控制变量	控制	控制	控制	控制	控制	控制
行业固定效应	控制	控制	控制	控制	控制	控制
年度固定效应	控制	控制	控制	控制	控制	控制
样本量	5786	6328	5786	5786	6328	6328
调整后的 R^2	0.232	0.194	0.147	0.169	0.149	0.156

注：*、** 和 *** 分别表示在 10%、5% 和 1% 的水平下显著；括号内均为基于行业层面聚类稳健标准误调整得到的 t 统计值。

资料来源：根据国泰安 CSMAR 数据库和 Wind 数据库计算得到。

由表 3-14 中的列（1）可知，创新变量的系数为正，并且在 1% 的显著性水平下显著。这表明创新产出的增加提高了对本科以上学历员工的相对需求。其中创新产出每增加 1%，本科以上学历员工所占的比重将会大约提高 0.0147。这表明当以本科以上学历员工衡量高技能劳动力时，创新提高了对高技能劳动力的相对需求和供给。

由表 3-14 中的列（2）可知，创新变量的系数仍然为正，并且在 1% 的显著性水平下显著。这表明创新产出的增加提高了对技术人员的相对需求。创新产出每增加 1%，技术人员所占比重将大约上升 0.0047。这表明当以技术人员衡量高技能劳动力时，估计结果同样说明了创新提高了对高技能劳动力的相对需求和供给。

由表 3-14 中的列（3）可知，创新变量的系数为正，并且通过了显著性检验，和表 3-2 中的结果类似，均说明创新不利于企业内部管理层与员工的包容性增长。列（4）是在列（3）基础上加入了本科以上学历员工占比变量后的估计结果。由列（4）的估计结果可知，加入了本科学历以上员工占比变量后，创新产出变量的系数相对列（3）更大，并且本科以上学历员工占比变量的估计系数为负且显著。这说明了本科以上学历员工所占比重的提高促进了企业内部管理层与员工的包容性增长，虽然创新整体不利于企业内部管理层和员工的包容性增长，但创新则通过扩大本科以上学历员工所占比重在一定程度上促进了管理层和员工的包容性增长。

由表 3-14 中的列（5）可知，创新变量的系数仍然为正，并且通过了显著性检验，再次说明了创新不利于企业内部管理层与员工的包容性增长。虽然与列（3）的估计结果相比，系数估计值有所下降，但相差不大，并且和表 3-2 的估计结果较为接近。这也说明了创新不利于企业内部管理层和员工包容性增长的估计结果是较为稳健的，不会因为所使用样本的差异而使估计结果带来较大的变异。列（6）是在列（5）基础上加入了技术人员占比变量后的估计结果。由列（4）的估计结果可知，加入了变量技术人员占比后，创新变量的系数相对列（3）更大，并且技术人员占比变量的估计系数为负且显著。这说明了技术人员所占比重的提高促进了企业内部管理层与员工的包容性增长，虽然创新整体不利于企业内部管理层和员工的包容性增长，但是创新通过增加技术人员所占比重在一定程度上促进了管理层和员工的包容性增长。

综上所述，虽然创新不利于企业内部管理层和员工的包容性增长，创新也增加了对高技能劳动力的雇佣比例，但创新通过增加高技能劳动力的相对需求和供给在一定程度上促进了管理层和员工的包容性增长，并且以本科以上学历员工还是以技术人员作为高技能劳动力代表均得到了一致的结论。因此，表3-14的结论基本支持了创新影响包容性增长的"替代效应"机制。

但上述检验无法说明高技能劳动力的相对增加促进了企业内部高技能员工和低技能员工之间的包容性增长。但一般认为，一种投入要素相对供给的增加会使其边际产出降低，从而带来收入水平的下降。因此可推断高技能员工的相对增加会促进高技能员工和低技能员工之间的包容性增长。另外，采用企业管理层人数与员工人数来作为管理层的相对供给规模，以相对供给规模为自变量，以书中的控制变量作为相应的控制变量检验管理层相对规模对管理层与员工包容性增长的影响，结果发现管理层相对规模越高或者员工规模相对越小的企业，管理层与员工的薪酬比例越小。这也在一定程度上能够支持高技能员工的相对增加会促进高技能员工和低技能员工之间的包容性增长的结论。

二、"生产率效应"检验

除了"替代效应"外，创新影响包容性增长的另外一个渠道是"生产率效应"，高技能劳动力能够更加有效地利用创新来提高自己的生产率，即创新对高技能劳动力的生产率促进作用更大。然而企业内部员工之间或管理层与员工之间的生产率差异缺乏有效的度量手段，上市公司的相关统计数据仅有公司总的就业人数和主营业务收入等总产值数据，只能够对上市公司整体的劳动生产率进行大致衡量。但分位数回归方法可以从另一个角度来间接检验"生产率效应"的存在性。具体而言，将每个上市公司的就业人群看作是一个代表性的就业人员，这个上市公司的劳动生产率由总收入除以就业人数计算得到。那么从创新影响上市公司劳动生产率差距的方法可以间接验证"生产率效应"的存在性。即如果创新使得上市公司之间的劳动生产率更加发散，那么便会使上市公司之间的薪酬更加发散，否则便会促进上市公司之间的包容性增长。

在实施过程中，本章以上市公司的劳动生产率的自然对数作为因变量，采用 RIF 分位数回归方法进行估计。选取的控制变量与表 3-9 相同，但进一步控制上市公司就业人数的自然对数。控制劳动投入的原因如下。首先，假设企业的生产函数由柯布 – 道格拉斯生产函数形式表示 $Y = AL^{\beta_1}K^{\beta_2}$，两边同时取自然对数，然后在两边同时减去劳动投入变量的自然对数后可以得到 $\ln(Y/L) = \ln A + (\beta_1 - 1)\ln L + \beta_1 \ln K$。其中 A 为全要素生产率，同样会受到企业规模、融资约束、企业年龄、财务杠杆、企业所有权性质以及行业和年度等控制变量的影响。上市公司资本投入一般采用固定资产净值度量，而本章的企业规模变量采用总资产进行的度量，已经将资本投入包括了进来。因此，在估计创新对劳动生产率的影响时，只需要进一步控制劳动投入即可。另外，为了便于前后对比，此部分的估计采用与表 3-9 相同的分位点，并且对除了劳动投入外的其余自变量进行滞后一期处理。按照上述方法进行估计得到的结果如表 3-15 所示。

表 3-15　创新对企业劳动生产率的影响：RIF 分位数回归结果

分位数	0.100	0.250	0.400	0.500	0.600	0.750	0.900	0.950	0.975	0.990
创新	0.045*** (5.064)	0.033*** (5.023)	0.028*** (4.267)	0.022*** (3.255)	0.022*** (3.117)	0.022*** (2.681)	0.037** (2.566)	0.065*** (2.760)	0.075*** (2.611)	0.219*** (3.818)
控制变量	控制	控制	控制	控制	控制	控制	控制	控制	控制	控制
行业	控制	控制	控制	控制	控制	控制	控制	控制	控制	控制
年份	控制	控制	控制	控制	控制	控制	控制	控制	控制	控制
样本量	9024	9024	9024	9024	9024	9024	9024	9024	9024	9024
调整后的 R^2	0.187	0.278	0.324	0.342	0.346	0.328	0.248	0.177	0.132	0.077

注：*、** 和 *** 分别表示在 10%、5% 和 1% 的水平下显著；括号内均为基于行业层面聚类稳健标准误调整得到的 t 统计值。

资料来源：根据国泰安 CSMAR 数据库计算得到。

　　表 3-15 中各分位点的估计系数显示，当分位点从 0.100 变化到 0.400 时，创新变量的估计系数有小幅度的下降，从 0.045 下降到了 0.028。当分位点从 0.500 变化到 0.750 时，创新变量的估计系数基本上较为平稳的，大体维持在 0.022 左右。然而随着分位点的进一步提高，创新变量的估计系数开始有了较大幅度的提高，从 0.750 分位点的 0.022 快速上升到 0.990 分位点的 0.219。这说明当劳动生产率水平相对较低时，随着企业劳动生产率的提高，创新对企业劳动生产率的影响变化很小。而当企业的劳动生产率达到相对较高的水平时，随着企业劳动生产率的进一步提高，创新产出促进企业的劳动生产率效果会更明显。图 3-1 更直观地显示出了创新对企业劳动生产率和管理层薪酬的影响在各分位点的变化。

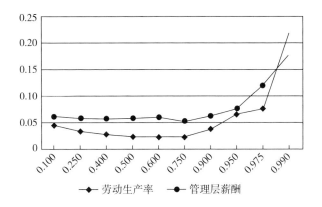

图 3-1　创新对劳动生产率和管理层薪酬影响的分位点系数变化

资料来源：根据国泰安 CSMAR 数据库计算得到。

　　由图 3-1 可知，创新对企业劳动生产率与管理层薪酬的影响系数在各分位点的变化趋势高度一致，这说明创新通过影响企业的劳动生产率进而影响到了企业内部的薪酬水平，在一定程度上支持了创新影响包容性增长的"生产率效应"。经计算可知，上述分位点的相关系数高达 0.959，说明两者之间具有较高的相关性。另外，采用类似的方法可以比较创新影响企业劳动生产率与员工薪酬的影响系数在各分位点的变化趋势，但创新对员工薪酬的影响系数在各分位点的变化趋势整体较为平缓，而且较小。由此可知，创新影响企业间劳动生产率的效果和影响企业间管理层薪酬的效果存在高度的相关性，创新通过影响企业的劳动生产率进而影响到企业间的包容性增长主要是通过影响了企业内部管理层的包容性增长。这是由于企业的管理层能够在更大程度上决定企业的生产率，创新对管理层生产率的提升作用更大。这也在一定程度上支持了创新能够更大程度上提高管理层的生产率水平进而影响到了管理层和员工的包容性增长。综上所述，本章的检验能够在一定程度上支持创新通过"替代效应"与"生产率效应"影响到企业的包容性增长。

采用将创新产出指标专利申请数替换为专利授权数、选择滞后二期检验创新的影响是否会由于滞后期不同而产生较大的变化、在上述模型基础上控制省份固定效应等方法进行稳健性检验后，发现替换创新产出变量、变更滞后期、进一步控制省份固定效应检验创新影响包容性增长机制得到的结论与上文基本一致。

第六节　本章小结

现有研究对国内创新影响包容性增长的效果是否出现了 Aghion 等（2019）的类似特征，以及创新影响包容性增长的机制缺乏对应的实证检验。与以往研究不同，本章根据 2007~2018 年上市公司的微观企业数据，在传统回归基础上，结合 RIF 回归方法，从企业内部包容性增长和企业间包容性增长两个角度综合考察创新对包容性增长的影响，验证了创新通过"生产率效应"与"替代效应"两个渠道影响包容性增长的效果。另外，本章还考察了创新对包容性增长的影响效果在国有企业与非国有企业、东部与中西部地区之间的差异，并且在更换创新指标、改变滞后期选择以及控制省份固定效应等方法后，发现本章的研究结论具有较强的稳健性。本章的主要研究结论如下：

第一，创新同时促进了内部管理层与员工的薪酬水平，但由于对管理层薪酬水平的促进作用更大，从而提高了企业内部管理层与员工之间的薪酬比例。

第二，创新不利于企业间管理层的收入收敛，虽然对管理层薪酬方差的总体影响和对较低收入管理层之间的包容性增长影响不显著，但达到0.900分位以上时，创新对管理层薪酬的影响显著变大，即更显著促进了最高收入的部分管理层的收入增长。

第三，创新对企业间员工薪酬方差的影响不显著，虽然在一定程度上促进了企业间员工的包容性增长，但在各分位点的系数差异整体不明显，因此对企业间员工包容性增长的整体影响不明显。

第四，通过比较创新影响包容性增长的效果在国有企业与非国有企业、东部与中西部地区之间的差异发现，创新对国有企业与非国有企业包容性增长的影响表现为类似的特征，但是在东部地区和中西部地区存在一定差异。由此可知，创新影响管理层包容性增长的效果随着分位点变化表现出的特征不会由于所有权性质差异产生很大变化，但是会由于地区差异产生很大变化。

第五，创新通过"生产率效应"，即创新对高技能劳动力生产率的促进作用更大，进而提高了薪酬比例。而创新通过"替代效应"，即创新由于创造了新技术和新产品，增加了对高技能劳动力的相对需求和供给，这在一定程度上提高了创新促进包容性增长的效果。

第二部分

数字金融对包容性
增长的影响机制

第四章 数字金融对包容性增长的影响机制：创业

前文讨论了数字金融对包容性增长的影响，第四章至第七章重点讨论数字金融对包容性增长的影响机制。其中，第四章先对创业的发展现状进行介绍，第五章重点讨论数字金融通过促进创业促进包容性增长的机制。本章基于2016年1月至2020年12月国家市场监督管理总局的工商注册数据，考察创业活跃度的区域差异，基于核密度估计和泰尔指数分解方法研究创业活跃的动态演变。然后考察数字金融发展对城市创业活跃度的影响及其在不同类别城市间的差异，基于优势分析方法考察数字金融促进创业活跃度的相对重要性。本章第一节为问题的提出，第二节为研究策略，第三节为城市创业活跃度的发展现状，第四节为数字金融与城市创业活跃度的实证估计，第五节为本章小结。

第一节 问题的提出

中小微企业贡献了90%以上的市场主体，80%以上的就业机会，70%

以上的发明和专利，超过 60% 的 GDP 和 50% 以上的税收，是推动国民经济发展的主要驱动力。党的十九大报告指出，激发和保护企业家精神，鼓励更多社会主体投身创新创业。而推动"大众创业、万众创新"，既可以扩大就业和国民经济发展，又有利于促进社会纵向流动和公平正义，是激发市场活力和释放发展潜力的重要力量，对扩大就业和实现共同富裕这一目标具有重要意义。推动欠发达地区创业机会的提高，促进地区间创业机会均等化，是激发市场活力和释放发展潜力的重要力量，对扩大就业、推动区域协调发展和实现共同富裕这一目标具有重要意义。

但长期以来金融市场的信息不对称使中小微企业面临"融资难、融资贵"的问题（Myers 和 Majluf，1984；Greenwood 和 Jovanovic，1990；Kaplan 和 Zingales，1997；Love，2003；Morduch 和 Armendariz，2005；Jauch 和 Watzka，2016），而数字金融是传统金融的有力补充，可以有效缓解信息不对称问题，数字金融由于具有普惠性，在拓宽金融服务范围提供了巨大发展空间（谢平等，2014；黄益平，2016）。数字金融也为推动中小微企业发展提供了新的发展机遇。

现有研究发现，创业能够促进创新、经济增长、创造就业机会（Baumol，1968；King 和 Levine，1993；Audretsch 和 Fritsch，2003；Samila 和 Sorenson，2011；Glaeser 等，2015）。考虑到创业的重要性，现有文献对创业的影响因素进行了较多研究，但中国创业活跃度在城市间的差异尤为明显（叶文平等，2018），由于数据可得性，现有研究多数从省层面的差异进行考察。然而，仅从省之间的创业活跃度进行考察，对省内的区域差异是怎样的尚无法深入，也对中国地区间的创业活跃度分布并未有更加客观的认识，对城市创业活跃度的区域发展现状还未得到系统的研究。本章基于 2016 年 1 月至 2020 年 12 月城市层面的工商注册数据，研究创业活跃度的区域分布，对区域创业活跃度的影响因素进行考察。这主要从如下五个方面展开：第一，本章首先基于国家市场监督管理总局的工商注册信息数据，汇总计算得到各个城市在各月度的企业注册数量，对创业活跃度在主要城市与非主要城市、八大经济地带之间存在的异质性进行考察。第二，基于泰尔指数分解方法，本章对创业活跃度在城市间存在的差异进行量化，考察创业活跃度的区域差异在时间上的演变趋势。第三，考虑到数字金融在推动中小微企业发展过程中的重要作用，也有学者对数字金融发展促进创业的效果进行了研究（Suri 和 Jack，2016；谢绚丽等，2018）。但由于数据可得性，现有多数研究是从省层面进行了考察，数字金融对创业的影响尚未深入到城市层面，对数字金融促进创业的效果在城市间存在怎样的差异尚未得知。本章基于国家市场监督管理总局的工商注册信息数据，实证考察数字金融对城市创业活跃度的影响。第四，本章考察数字金融对城市创业活跃度的影响在主要城市与非主要城市、经济发达地带与经济欠发达地带之间存在的差异，并基于分位数回归方法考察不同分位点下数字金融的影响。第五，本章基于优势分析（Dominance Analysis）方法对数字金融在促进城市创业活跃度方面的相对重要性进行研究。

与创业活跃度相关的文献目前主要包括创业的经济影响、创业的影响因素等。在创业的经济影响方面，Glaeser（2009）基于美国城市层面的研究结果显示，企业家创业水平差异是造成美国各城市间存在差异的重要因素。Liang 等（2018）的研究指出，虽然日本长期经济停滞的原因并不完全明确，但其中一个重要的原因是创业活动的停滞。Noseleit（2013）、冯伟和李嘉佳（2019）研究发现创业能够推动结构转型和产业升级。

国内外更多的文献考察的是创业的影响因素，现有关于创业影响因素的文献既有基于微观因素也有基于宏观因素进行考察。在微观影响因素方面，Rees 和 Shah（1986）基于 1978 年综合住户调查中 4762 人的样本进行估计，研究发现教育和年龄是创业的重要决定因素。Lazear（2004）认为人力资本能够提高选择成为企业家的技能，从而促进创业。Rosenthal 和 Strange（2012）认为女性创业者可能比男性创业者网络化程度低，因此从集聚中获得的收益也较低。同时也可能有更大的国内负担，因此通勤成本更高。张龙耀和张海宁（2013）基于 CHARLS2008 的数据分析结果显示，家庭创业受到自身家庭财富的影响，财富水平与家庭创业概率之间存在显著正相关关系。

在宏观影响因素方面，Glaeser 和 Kerr（2009）使用人口普查局的数据来研究城市和行业中制造业初创企业的当地决定因素，研究发现人口统计学的解释力相对有限，当地客户和供应商的总体水平也仅适度重要。而供应商和相关职业工人的数量是影响制造业初创企业的重要因素，这些力量加上城市和行业固定效应解释了 60%~80% 的制造业企业进入。Han 和 Hare（2013）研究了信贷市场如何通过财富运作以影响家庭的企业家选择，结果表明，以政策为主导的银行分支机构在农村的撤离对农村家庭的信贷供应产生重大负面影响，与信用收缩相关的财富减少会阻碍创业。郑馨等（2017）匹配和合并了全球创业观察等四大国际性数据库 62 个国家、5 年的 615116 份创业数据，通过工具变量 Probit 回归结果发现，社会规范对创业活动具有显著促进作用。谢绚丽等（2018）的研究发现，数字金融对于城镇化率较低的省份、注册资本较少的微型企业有更强的鼓励创业的作用。万海远（2021）研究发现，无论是按工程类还是按服务性质划分，社区基础设施都具有很大的正向外部性，使居民创业比例显著提升，并且城市中心地区、交通环保类基础设施的创业带动作用更加明显。此外，一些非经济类因素也会对创业带来影响，如文化多样性能够显著提高地区创业活力

（孙久文和高宇杰，2022）。

在创业区域分布和影响因素方面，相关研究相对较少。虽然中国城市间的创业活跃度存在明显差异（叶文平等，2018），但还未有相关文献系统考察中国城市创业活跃度的区域分布及其影响因素。关于创业区域分布的文献中，杨屹和魏泽盛（2018）基于2013~2015年中国30个省份的研究数据发现，各省份"双创"能力及不同"双创"主体、"双创"载体同"双创"环境的耦合效应均存在明显的区域差异，空间分布同区域经济发展实际是基本一致的。高校与"双创"环境、"双创"载体与"双创"环境的耦合效应对"双创"能力影响最大。在影响因素方面，多数研究也是基于宏观层面的异质性检验或微观家庭数据的城乡异质性等间接进行了考察。

考察数字金融对创业影响的文献中，谢绚丽等（2018）研究发现，数字金融有效促进了创业，并且对于城镇化率较低的省份、注册资本较少的微型企业有更强的鼓励创业的作用。何婧和李庆海（2019）发现，数字金融的使用不仅缓解了农户的信贷约束，增加了农户的信息可得性，促进了农户创业和创业绩效。陶云清等（2021）研究发现，数字金融促进了地区创业，这种促进作用主要体现在覆盖广度和使用深度两个维度。张正平和黄帆帆（2021）基于北京大学数字普惠金融指数和中山大学中国劳动力动态调查（CLDS）数据库的匹配数据，发现数字普惠金融对农村劳动力自我雇佣均有显著的正向作用。巩鑫和唐文琳（2021）基于2011~2018年中国30个省份的面板数据，采用空间杜宾模型考察了数字金融对创业的影响，研究发现数字金融促进了本省的创业，但相邻省份数字金融的空间溢出效应仅在东部地区得到了较为显著的体现。

本章的贡献如下：第一，现有研究主要是从省层面考察了创业活跃度的时间和空间特征，而本章基于城市层面的月度工商注册数据，首次从月度层面考察了创业活跃度在主要城市与非主要城市、八大经济地带间存在的差异，并基于泰尔指数分解方法，将城市间的泰尔指数分解为主要城市与非主要城市间（内）、八大经济地带间（内），对创业活跃度的区域分布进行了量化分析。第二，限于数据可得性，已有的文献对创业活跃度的影响因素在城市间所产生的效果还未得到进一步研究，本章在上述研究基础上，基于城市层面的面板数据，对创业活跃度及其影响因素进行考察。第三，本章首次从城市和月度层面考察了数字金融对创业活跃度的影响，对数字金融影响创业活跃度的效果在不同类别如主要城市与非主要城市间的差异，对数字金融影响创业活跃度的相对重要性进行考察。第四，本章从促进创业视角对如何实施数字金融发展政策以促进扩大就业和实现共同富裕这一目标提出相关政策建议。

总体来看，已有较多文献考察了创业的影响因素，其异质性检验间接地考察了创业区域差异的影响因素。但创业活跃度在城市间存在怎样的差异的研究尚不充分，城市间创业活跃度区域分布的影响因素也尚未经过系统的考察。本章旨在基于城市层面的月度工商注册数据，对创业活跃度在主要城市与非主要城市、八大经济地带之间存在的异质性及在时间上的演变趋势进行考察，探索数字金融对地区间创业活跃度的影响，并基于优势分析方法对各影响因素的相对重要性进行研究。本章为从促进创业视角对如何推动数字金融发展进而促进区域协调发展和实现共同富裕这一目标提供了经验证据。

第二节　研究策略

为全面展示城市创业活跃度的地区异质性及其影响因素，本章采用如下研究策略：首先，基于城市层面的月度工商注册数据，对创业活跃度的区域差异和动态分布特征进行考察；其次，通过泰尔指数分解方法对地区间和地区内创业活跃度的区域差异进行量化；再次，本章进一步采用基于城市层面的月度工商注册数据，考察数字金融对创业活跃度的影响；最后，通过分组回归检验数字金融的促进作用在不同类别城市间的差异，采用分位数回归进行估计，并基于优势分析方法对数字金融促进创业活跃度的相对重要性进行考察。本部分首先介绍上述研究所采用的研究数据和研究方法。

一、研究数据

本章所用的数据包括 2016 年 1 月至 2020 年 12 月的市级工商注册月度数据和 2015~2019 年地级市和省的部分经济数据。本章所使用的创业活跃度数据包括 2016 年 1 月至 2020 年 12 月的城市层面的月度工商注册数据，通过注册企业数据汇总计算得到。在研究创业活跃度的影响因素时，本章所使用的研究数据为 2015~2019 年的地级市和省层面的部分经济数据，用于检验各因素对城市创业活跃度的影响。其中，汇总计算各城市工商注册数量的注册企业信息来源于国家市场监督管理总局，各省份和城市层面的变量数据来源于 Wind 数据库和国家统计局。本章使用的城市级创业活动数据是 338 个城市的研究数据。数字金融发展水平数据来源于北京大学数字金融研究中心。值得注意的是，2020 年的经济和创业活跃度有一定的波动，本章通过计算城市创业活跃度在 2016~2020 年的平均值可以发现，2020 年的城市创业活跃度相较 2019 年的增长率有了较大幅度的下滑。如 2018~2020 年城市创业活跃度的对数均值为 5.92、6.36 和 6.45。对此，本章也尝试在下文的模型中引入 2020 年的时间虚拟变量，发现估计系数存在细微差异，但估计结果并未发生显著变化，本章的研究结论依然是稳定的。

二、研究方法

在考察创业活跃度的区域差异时，本章按照主要城市和其他城市、八大经济地带的划分方法进行比较。其中主要城市包括 4 个一线城市、15 个新一线城市、30 个二线城市以及未包含在上述范围内的省会城市。在经济区划分方面，国务院发展研究中心发表报告指出，中国所沿袭的东部、中部、西部区域划分方法已经不合时宜，本章采用八大经济地带的划分方法。八大经济地带包括北部沿海（北京、天津、河北、山东）、东部沿海（上海、江苏、浙江）、南部沿海（福建、广东、海南）、黄河中游（山西、内蒙古、河南、陕西）、长江中游（安徽、江西、湖北、湖南）、西南地区（广西、重庆、四川、贵州、云南）、大西北地区（西藏、甘肃、青海、宁夏、新疆）、东北地区（辽宁、吉林、黑龙江）[1]。

（一）核密度估计

核密度估计法为一种非参数估计方法，不需要假设总体分布的具体形式，能够用连续密度曲线描述随机变量分布形态，进而可以求解其概率密度。在创业活跃度的动态演变描述部分，本章使用 Kernel 密度估计城市创业活跃度的分布动态演变，刻画城市创业活跃度的整体形态，比较不同时期城市创业活跃度的动态分布变化。

---

[1]　八大经济地带内的经济环境相对更为接近，东中西三大地区内部的城市之间也存在较大的差异。在计算泰尔指数时，以 2020 年 12 月为例，按照八大经济地带划分计算得到的组内泰尔指数大约为组间泰尔指数的 2 倍，但按照东中西三大地区划分计算得到的组内泰尔指数大约为组内泰尔指数的 4 倍。

（二）泰尔指数分解

在量化城市间创业活跃度的区域差异时，本章主要采用泰尔指数分解方法。本章分别通过主要城市和其他城市、八大经济地带作为划分方法，并采用该方法将各城市之间的泰尔指数（Theil）分解为地区组之间的泰尔指数（Theil_bt）和地区组内部的泰尔指数（Theil_wi），也就是将泰尔指数作如下分解：

$$
\begin{aligned}
\text{Theil} &= \frac{1}{N} \sum_{k=1}^{N} \frac{Y_{jk}}{\overline{Y}} \ln\left(\frac{Y_{jk}}{\overline{Y}}\right) \\
&= \text{Theil\_bt} + \text{Theil\_wi} \\
&= \sum_{j} \frac{Y_j}{Y} \ln\left(\frac{Y_j/Y}{N_j/N}\right) + \sum_{j} \frac{Y_j}{Y} T_j
\end{aligned}
\qquad (4-1)
$$

其中，Y_j 表示地区组 j 内部的工商注册数据，Y 表示各城市的工商注册数据之和，N_j 表示地区组 j 内部的城市个数，N 表示城市个数，T_j 表示地区组 j 内部城市之间的泰尔指数，Y_{jk} 表示地区组 j 城市 k 的工商注册数，$\overline{Y}$ 表示各城市工商注册企业数的平均值。泰尔指数越大，区域差异的程度越高。

（三）基准回归模型

本章基于城市层面的面板数据，以工商注册数量作为因变量，通过面板数据固定效应估计来考察数字金融对城市创业活跃度的影响，计量模型如下[①]：

$$
\text{lnnumber}_{ctm} = \alpha_c + \gamma_m + \beta \text{index}_{ct-1} + rX_{ct-1} + u_{ct}
\qquad (4-2)
$$

其中，因变量 number 表示市层面的工商注册数量，c 表示城市，t 表

---

① 模型（4-1）中因变量为工商注册数量 +1 后的自然对数。

示年度，m 表示月度。α 和 γ 分别表示城市和月度固定效应，u 表示随机扰动项。index 为本章的核心解释变量即数字金融发展指数，采用北京大学数字金融研究中心编制的数字普惠金融指数度量。数字金融的发展显著改变了生活方式和经济效率，是促进创业比较重要的因素，天猫、京东、拼多多等电商的发展也得益于数字金融的快速发展。除总指数（index）外，本章还选用了数字普惠金融指数的三个细分指标：覆盖广度（$index_1$）、使用深度（$index_2$）和数字支持服务程度（$index_3$），其中覆盖广度是数字金融的覆盖人群的评价指标，强调的是提供足够的金融服务；使用深度衡量的是地区实际使用数字金融服务的频率等，强调的是数字普惠金融服务的有效需求；数字支持服务程度强调的数字金融的便利性和效率（郭峰等，2020）。

X 为影响城市创业活跃度的控制变量，基于数据可得性和研究需要，本章选择的控制变量 X 包括：①金融发展水平（FD）。金融对企业的支持长期以来一直是助力企业发展的重要力量，金融发展能够缓解企业的融资约束，促进创业。本章以各城市年末金融机构存款与贷款之后与 GDP 的比值度量。②产业结构（Ind）。产业结构基础也会对创业带来不可忽视的影响，第二产业、第三产业占比越高，市场创业的潜力也可能越大。本章以第二产业、第三产业增加值占 GDP 的比重度量。③财政实力（Gov）。政府在支持企业发展过程中发挥了重要作用，各地的财政实力也是影响创业的重要因素，本章以各城市的财政支出总额与 GDP 的比值度量各城市的财政实力。④交通基础设施（Road）。公路密度变高的同时往往也能够产生更多的工作岗位和工作机会，基础设施能够促进创业的发展（万海远，2021）。基于数据可得性，本章采用省层面的公路密度即公路里程与区域面积的比值作为交通基础设施的度量。为了减弱可能存在的双向因果所导致的内生性问题，本章对所有解释变量做滞后一期处理。

此外，在根据模型（4-2）实证检验创业活跃度的影响因素时，本章通过分位数估计方法检验各解释变量对创业活跃度的影响，考察各因素对城市间创业活跃度的影响。由于各解释变量的量纲不同，为考察哪个变量在解释创业活跃度的贡献度更高时，本章采用优势分析方法考察各解释变量的相对重要性。

第三节　城市创业活跃度的发展现状

本节报告城市创业活跃度的区域差异与动态演变趋势。首先，对主要城市与其他城市、八大经济地带之间创业活跃度的变化趋势进行比较；其次，对城市创业活跃度的分布进行分析；最后，基于泰尔指数分解结果对城市创业活跃度的区域差异和动态演变进行量化分析。

一、城市创业活跃度的区域差异

2016 年 1 月至 2020 年 12 月主要城市与其他城市创业活跃度（工商注册数量）平均值的变化趋势如图 4-1 所示。从 2016 年 1 月至 2020 年 12 月，我国城市创业活跃度整体呈现快速上升趋势，随着月度和季节的变化具有较大的波动。虽然城市创业活跃度整体具有快速上升趋势，但上升速度更快的城市是 4 个一线城市、15 个新一线城市、30 个二线城市以及省会城市等主要城市，其他城市创业活跃度上升趋势相对缓慢。这也说明主要城市集中了大多数的经济资源优势，政府政策也会在主要城市有所倾斜。经过计算可知，主要城市的创业活跃度基本上一直维持在其他城市的 7 倍以上，如 2020 年 12 月主要城市的创业活跃度大约是其他城市的 7.5 倍，主要城市与其他城市的创业活跃度长期存在异质性。

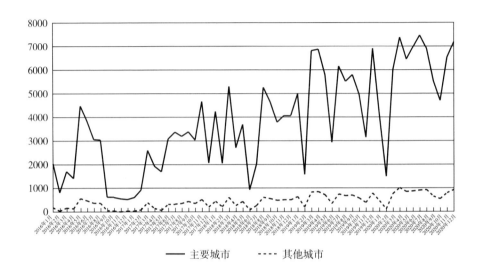

图 4-1　城市创业活跃度的区域差异：主要城市与其他城市

　　进一步地，八大经济地带创业活跃度平均值的变化趋势如图 4-2 所示。八大经济地带的创业活跃度整体为快速的上升趋势，但八大经济地带之间的创业活跃度却一直存在明显的空间异质性。在八大经济地带中，城市创业活跃度第一位的是东部沿海地区（上海、江苏、浙江），排在第二位是北部沿海地区（北京、天津、河北、山东），排在第三位的是南部沿海地区（福建、广东、海南）。创业活跃度排在最后两位的地区是东北地区（辽宁、吉林、黑龙江）和大西北地区（西藏、甘肃、青海、宁夏、新疆），排在第四位至第六位的地区分别是长江中游（安徽、江西、湖北、湖南）、黄河中游（山西、内蒙古、河南、陕西）和西南地区（广西、重庆、四川、贵州、云南），但长江中游、黄河中游和西南地区的创业活跃度整体较为接近，相差不大。此外，由图4-2可知，东部沿海、北部沿海、南部沿海三大地带整体处于第一档次，城市创业活跃度远高于其他五大地带。长江中游、黄河中游和西南地区整体处于第二档次，东北地区和大西北地区的创业活跃度相对最低。综合图4-1和图4-2可知，主要城市和其他城市之间、八大经济地带之间的创业活跃度存在较大的差异，并且这种趋势也一直存在。

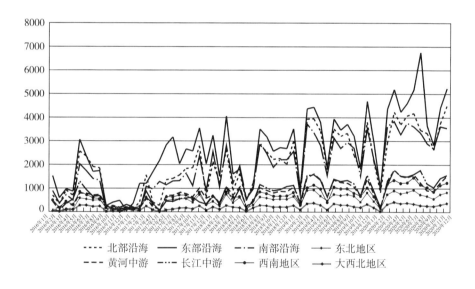

图4-2　城市创业活跃度的区域差异：八大经济地带

二、城市创业活跃度的分布动态：核密度估计

图4-1和图4-2大体看到了主要城市与其他城市之间、八大经济地带之间创业活跃度的变化趋势和差异，使用Kernel密度估计城市创业活跃度的分布动态演变，可以刻画城市创业活跃度的整体形态，通过不

同时期的比较可以把握城市创业活跃度分布的动态特征。但城市工商注册数量由于在部分大城市具有很高的创业活跃度，创业活跃度的分布会存在明显的"右拖尾"特征。而且，工商注册数量的核密度曲线图也并不能反映城市创业活跃度的相对差异。如城市的工商注册数量均变为原来的两倍，方差会变为原来的四倍，工商注册数量的分布会变得更加分散，但城市之间的相对差异其实并未改变。本章根据城市创业活跃度的自然对数进行核密度估计，结果如图4-3和图4-4所示[1]。其中八大经济地带中，北部沿海、东部沿海和南部沿海地带的创业活跃度相对较为接近，图4-4中将这三个地带和其余五大地带划分为两组进行核密度估计。

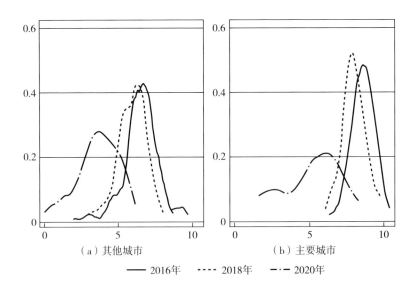

图 4-3　城市创业活跃度的核密度估计：主要城市和其他城市

①　图中对应年份的分布为当年12月的创业活跃度分布。

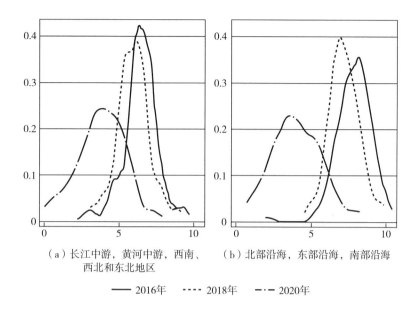

（a）长江中游，黄河中游，西南、西北和东北地区　　（b）北部沿海，东部沿海，南部沿海

— 2016年　　···· 2018年　　-·- 2020年

图 4-4　城市创业活跃度的核密度估计：按经济地带划分

从图 4-3 和图 4-4 的核密度曲线可以发现，主要城市的分布峰值高于其他城市，北部沿海、东部沿海和南部沿海的分布峰值高于长江中游、黄河中游、西南、西北和东北地区。主要城市和北部沿海、东部沿海、南部沿海的分布整体位于其他城市和其他地带的右侧，说明主要城市和北部沿海、东部沿海、南部沿海的创业活跃度更高，与图 4-1 和图 4-2 的结论一致。从时间变化来看，随着时间的推移，分布的位置整体向右移动，说明城市创业活跃度整体有了快速的增长，与前文结论也一致。此外，随着时间推移，分布整体表现为"高度变高、宽度变窄"的特征，说明主要城市间、其他城市间以及图 4-4 中的两大经济地区内部，创业活跃度变化整体具有收敛的趋势。

综合图 4-1 至图 4-4 可知，虽然主要城市、其他城市、八大经济地带内部创业活跃度具有收敛的趋势，但主要城市与其他城市间、经济地带之间的创业活跃度并不存在明显的收敛或发散趋势，地区组内部和地区组之间的创业活跃度表现出的变化特征并不相同。

三、泰尔指数分解

前文的研究发现，主要城市与其他城市的创业活跃度长期存在较大异质性，八大经济地带之间存在的创业活跃度也并未表现出收敛的趋势。但主要城市、其他城市以及八大经济地带内部，创业活跃度整体具有收敛的趋势。此外，地区组之间的创业活跃度差异与地区组内部差异相对哪个更大？组间差异和组内差异的相对比重也是未知的。本章采用泰尔指数分解方法对城市创业活跃度的区域差异进行量化。

本章首先根据式（4-1）对主要城市与其他城市之间和内部的泰尔指数进行计算，计算结果如表4-1所示。泰尔指数从2016年的1.149逐渐下降到了2020年的0.780，说明创业活跃度在城市间的差距整体表现出了较为明显的下降趋势。组内泰尔指数从2016年的0.680下降到了2020年的0.308，而组间泰尔指数并未表现出明显的变化趋势，整体在0.5附近波动。这一方面说明主要城市与其他城市创业活跃度的差异并未表现出缩小的趋势，与图4-1的结论相一致，并且现在主要城市与其他城市间的差异大于主要城市与其他城市内部，相对比重更大，说明主要城市与其他城市间的差异是现阶段区域差异更为重要的原因。另一方面主要城市与其他城市内部的创业活跃度差异却表现出了较为明显的缩小趋势，说明同一档次城市间的发展仍然表现出了收敛趋势。表4-1最后两列的结果显示，主要城市泰尔指数和其他城市泰尔指数均为下降趋势，并且主要城市泰尔指数下降速度更快。说明主要城市之间的创业活跃度差异缩小速度更快。可能的原因在于，各省份对省内主要城市的政策支持力度更大，各省份在GDP增长方面的竞争所采取的政策措施，推动了主要城市之间的差异缩小速度更快。数据显示，其他城市之间的创业活跃度差异在 2020 年已经超过了主要城市之间。

表 4-1　泰尔指数分解：主要城市与其他城市

年份	泰尔指数	组内泰尔指数	组间泰尔指数	主要城市泰尔指数	其他城市泰尔指数
2016	1.149	0.680	0.468	0.780	0.533
2017	1.078	0.536	0.543	0.521	0.561
2018	0.809	0.330	0.480	0.321	0.343
2019	0.845	0.313	0.532	0.287	0.354
2020	0.780	0.308	0.471	0.264	0.373

注：表中报告的统计结果是各年份 12 月的计算数据。

进一步地，本章以八大经济地带各自作为一个地区组，采用式（4-1）进行计算得到的结果如表 4-2 所示。当根据全部城市计算时，组内泰尔指数从 2016 年的 1.062 下降到了 2020 年的 0.523，而组间泰尔指数并未像组内泰尔指数表现出明显的下降趋势，从 2018 年开始还有上升的趋势。这说明八大经济地带之间的创业活跃度差异并未缩小，与图 4-2 的特征相呼应，而八大经济地带内部的创业活跃度差异却表现出了明显的缩小趋势。此外，虽然八大经济地带内部的创业活跃度差异在缩小，但仍然大于八大经济地带之间的创业活跃度差异，2020 年八大经济地带内部的创业活跃度差异大约是八大经济地带之间的两倍，说明从八大区域来看，八大区域内部的差异是造成总体区域差异更为主要的原因。然而，八大经济地带内部的创业活跃度差异包含了内部主要城市与其他城市的差异，表 4-1 和图 4-1 也发现了主要城市和其他城市之间存在明显差异，这也是导致组内泰尔指数远大于组间泰尔指数的原因。对此，本章将主要城市数据剔除后重新计算泰尔指数，即表4-2中右侧3列的计算结果。由表4-2可知，当删除主要城市后，总体泰尔指数与删除之前相比得到了较大幅度下降，但整体仍然表现出了较为明显的下降趋势。组内泰尔指数和组间泰尔指数表现出的变化趋势与删除之前相比相一致。但由于删除了主要城市，城市间的泰尔指数明显小于删除之前，并且在2020年的组内泰尔指数和组间泰尔指数较为接近，即八大区域之间的差异和八大区域内部的差异占比大体相当。

表4-2　泰尔指数分解：八大经济地带

年份	全部城市计算结果			删除主要城市计算结果		
	泰尔指数	组内泰尔指数	组间泰尔指数	泰尔指数	组内泰尔指数	组间泰尔指数
2016	1.149	1.062	0.087	0.533	0.469	0.064
2017	1.078	0.779	0.299	0.561	0.319	0.242
2018	0.809	0.596	0.213	0.343	0.201	0.142
2019	0.845	0.593	0.252	0.354	0.167	0.186
2020	0.780	0.523	0.257	0.373	0.181	0.192

注：表中报告的统计结果是各年份12月的计算数据。

第四节　数字金融与城市创业活跃度的实证估计

本节报告实证估计结果。第一，报告数字金融对城市创业活跃度的影响；第二，报告子维度指标覆盖广度、使用深度与数字支持服务程度对城市创业活跃度的影响；第三，对基准回归所可能存在的内生性问题进行讨论，采用工具变量法进行估计得到的结果；第四，提供异质性分析；第五，分位数估计结果；第六，优势分析计算结果。

一、数字普惠金融与城市创业活跃度：基准回归

本章首先对式（4-1）进行估计，估计结果如表4-3所示。其中，表4-3中列（1）为仅引入数字金融变量的估计结果，列（2）在列（1）基础上引入了城市和月度固定效应，列（3）进一步引入控制变量。由表4-3的估计结果可知，在列（1）基础上，逐步引入城市、月度固定效应和控制变量后，数字金融变量的估计系数仍然为正且在1%的水平下显著，说明数字金融发展整体有利于推动城市创业活跃度的提高。

表4-3　数字金融与城市创业活跃度：基准回归

	（1）	（2）	（3）
	lnnumber	lnnumber	lnnumber
数字金融	0.028*** （92.28）	0.025*** （86.46）	0.025*** （68.36）
控制变量	否	否	是
月度固定效应	否	是	是
城市固定效应	否	是	是
样本量	17256	17256	17256
R^2	0.330	0.367	0.368

注：*、** 和 *** 分别表示在10%、5%和1%的水平下显著，括号内为t统计值。

二、覆盖广度、使用深度、数字支持服务程度与创业活跃度的实证估计

本章进一步在表4-4中报告覆盖广度、使用深度与数字支持服务程度

影响城市创业活跃度的估计结果。由表4-4的估计结果可知，覆盖广度、使用深度与数字支持服务程度变量的估计系数均为正且在1%的水平下显著，这说明数字金融覆盖广、使用更频繁、数字金融服务更加便利的城市，创业活跃度也越高，这一发现是在控制了当地传统金融发展程度、产业结构升级、当地的财政实力，以及以交通便利程度为代表的基础设施情况下得到的。

表4-4　覆盖广度、使用深度、数字支持服务程度与创业活跃度

	（1）	（2）	（3）
	lnnumber	lnnumber	lnnumber
覆盖广度	0.025*** （65.38）	—	—
使用深度	—	0.015*** （59.40）	—
数字支持服务程度	—	—	0.019*** （44.40）
控制变量	是	是	是
城市/月度固定效应	是	是	是
样本量	17256	17256	17256
R^2	0.356	0.332	0.278

注：*、** 和 *** 分别表示在10%、5%和1%的水平下显著，括号内为 t 统计值。

三、内生性问题的处理：工具变量估计

式（4-1）中的数字金融变量可能会由于遗漏变量等导致内生性问题，从而导致表4-3的基准回归结果出现偏误。本章以各市所在省份城市的数

字金融发展水平均值作为工具变量[①]，因为数字普惠金融的发展存在明显的空间集聚效应（郭峰等，2020），相邻地区的数字金融发展会影响本地区的数字金融发展，但相邻地区的数字普惠金融发展不会直接影响本省的经济发展。工具变量的估计结果如表4-5所示。其中，列（1）为第一阶段的估计结果，列（2）至列（5）为工具变量估计结果。列（1）至列（4）第一阶段的估计结果显示，工具变量的估计系数均为正且在1%的水平下显著，说明本省其他城市数字普惠金融发展水平会影响本市的数字金融发展，并且该工具变量均通过了弱工具变量检验。列（5）至列（8）的估计结果显示，数字金融与覆盖广度、使用深度、数字支持服务程度三个子维度变量的估计系数仍然为正且在1%的水平下显著，说明数字金融的发展对城市创业活跃度仍然起到了显著的促进作用，这与前文基准回归得到的核心结论一致。

表4-5 内生性问题的处理：工具变量估计

	（1）	（2）	（3）	（4）	（5）	（6）	（7）	（8）
	index	index$_1$	index$_2$	index$_3$	lnnumber			
所在省数字金融	0.998***	0.921***	1.346***	0.621***	—	—	—	—
发展水平均值	（967.59）	（372.53）	（279.18）	（117.32）	—	—	—	—
数字金融	—	—	—	—	0.025*** （68.87）	—	—	—
覆盖广度	—	—	—	—	—	0.027*** （68.14）	—	—
使用深度	—	—	—	—	—	—	0.019*** （66.61）	—

① 此外，另一种类似的思路是选择每个省份相邻省市数字金融发展水平均值作为工具变量，基本结论与表4-3结果一致。

续表

	（1）	（2）	（3）	（4）	（5）	（6）	（7）	（8）
	index	index$_1$	index$_2$	index$_3$		lnnumber		
数字支持服务程度	—	—	—	—	—	—	—	0.040***（59.85）
控制变量	是	是	是	是	是	是	是	是
城市/月度固定效应	是	是	是	是	是	是	是	是
样本量	17256	17256	17256	17256	17256	17256	17256	17256
Wald-F 统计量	936237.7	138780.0	77942.3	13763.2	—	—	—	—
R^2	0.989	0.932	0.877	0.554	—	—	—	—

注：*、** 和 *** 分别表示在 10%、5% 和 1% 的水平下显著，括号内为 t 统计值。

四、异质性分析

由于各地区经济环境存在显著差异，数字金融发展对各城市创业活跃度的促进效果会由于经济环境差异而不同。本部分从主要城市与其他城市、经济发达地带和经济欠发达地带等角度考察数字金融的异质性影响。其中主要城市包括 4 个一线城市、15 个新一线城市、30 个二线城市以及未包含在上述范围内的省会城市。此外，在经济区划分方面，《国务院发展研究中心调查研究报告》指出，中国所沿袭的东部、中部、西部区域划分方法已经不合时宜，本章将全国分为八大经济地带，其中北部沿海、东部沿海和南部沿海划分为发达地带，其余五大地带为其他地带。估计结果如表 4-6 所示，列（1）至列（4）中数字金融变量的估计系数均为正且在 1% 的水平下显著，说明数字金融对主要城市与非主要城市、发达地带与其他地带均带有显著促进作用。比较系数大小可知，数字金融变量的估计系数表现出了主要城市＞其他城市、发达地带＞其他地带的特征，但列（1）和列（2）的估计系数非常接近。总体来看，表4-6的估计结果并未发现数字金融能够缩小城市间创业活跃度的区域差异程度，这与现有研究中数字金融对创业表现出的普惠性不同。

表4-6　数字金融与城市创业活跃度：地区差异

	（1）	（2）	（3）	（4）
	lnnumber	lnnumber	lnnumber	lnnumber
	主要城市	其他城市	发达地带	其他地带
数字金融	0.025*** （26.39）	0.024*** （58.11）	0.029*** （44.27）	0.022*** （46.83）
控制变量	是	是	是	是
城市/月度固定效应	是	是	是	是
样本量	3300	13956	5208	12048
R^2	0.354	0.373	0.400	0.358

注：*、** 和 *** 分别表示在10%、5% 和1% 的水平下显著，括号内为 t 统计值。

五、数字金融与城市创业活跃度：分位数估计

本章进一步采用分位数估计方法对式（4-1）进行估计，一方面可以对前文的估计结果进行稳健性检验，另一方面可以对数字金融发展对城市创业活跃度区域差距的影响进行考察，分位数估计结果如表4-7所示。随着分位点的提高，数字金融变量的估计系数从0.1分位点的0.053逐渐下降到了0.9分位点的0.016，说明数字金融发展更加有利于促进欠发达城市创业活跃度的提高，有利于缩小城市间创业活跃度的区域差异。由主要城市和其他城市的估计结果可知，随着分位点的提高，无论是主

要城市和其他城市，数字金融变量的估计系数均表现出了明显的下降趋势，说明数字金融发展不仅有利于促进主要城市间创业的均衡发展，也有利于促进其他城市之间的创业的均衡发展。此外，各分位点上主要城市与其他城市数字金融变量的估计系数比较接近，这与表4-6中列（1）和列（2）的结论一致。由发达地带和其他地带的分样本估计结果可知，随着分位点的提高，数字金融变量的估计系数均表现出了明显的下降趋势，说明数字金融发展不仅有利于促进发达地带城市间创业活跃度的均衡发展，也有利于促进其他地带城市之间创业活跃度的均衡发展。此外，各分位点上发达地带的估计系数更大，这与表4-6中列（3）和列（4）的结论一致，说明数字金融发展对发达地带的创业活跃度有更大的促进作用。

综合表4-6和表4-7的估计结果可知，数字金融发展虽然整体促进了城市间创业活跃度的均衡发展，但数字金融发展对主要城市与其他城市、发达地带与其他地带间的创业活跃度差异均未表现出了缩小甚至表现出拉大的效果。数字金融发展缩小了主要城市、其他城市、发达地带、其他地带各类别城市群体内部之间创业活跃度的区域差异，是导致数字金融发展缩小全部城市间创业活跃度区域差异的重要原因。

表4-7　数字金融与城市创业活跃度：分位数估计

| | （1） | （2） | （3） | （4） | （5） |
	lnnumber	lnnumber	lnnumber	lnnumber	lnnumber
分位点	0.1	0.3	0.5	0.7	0.9
全样本	0.053*** （38.29）	0.025*** （48.81）	0.020*** （49.59）	0.016*** （40.03）	0.016*** （26.43）
主要城市	0.060*** （15.11）	0.026*** （18.88）	0.019*** （21.60）	0.016*** （20.41）	0.013*** （12.77）
其他城市	0.061*** （34.14）	0.026*** （44.07）	0.020*** （46.81）	0.016*** （39.09）	0.012*** （21.70）

续表

	（1）	（2）	（3）	（4）	（5）
	lnnumber	lnnumber	lnnumber	lnnumber	lnnumber
发达地带	0.068*** （26.71）	0.033*** （32.66）	0.021*** （28.24）	0.017*** （25.15）	0.016*** （17.97）
其他地带	0.051*** （27.32）	0.023*** （34.06）	0.018*** （36.63）	0.014*** （28.87）	0.009*** （11.35）

注：*、** 和 *** 分别表示在 10%、5% 和 1% 的水平下显著，表中的估计系数为数字金融变量的估计系数，括号内为 t 统计值。

六、数字金融促进城市创业活跃度的相对重要性：优势分析

前文已经考察了数字金融发展对城市创业活跃度的影响，本章进一步基于优势分析方法对数字金融促进创业活跃度的相对重要性进行考察。但在不同的量纲下，由于回归结果得到的估计系数无法直接进行比较，也不能简单地对不同影响因素做标准化处理，数字金融变量与其余变量哪个相对更为重要是未知的。本章基于 Luchman（2021）中介绍的优势分析方法和命令，通过确定不同影响因素对拟合优度 R^2 的贡献程度以确定不同影响因素的相对重要性，计算的结果如表 4-8 所示。在所有变量中，解释率最高的是城市固定效应，说明城市固定效应的差异能够解释因变量即城市创业活跃度大约 30% 的变异，月度固定效应的解释率也达到了大约 5%。除了城市和固定效应，其余解释变量中解释率最高的即为数字金融发展，贡献率达到了近 20%，远高于其余解释变量。这说明城市间数字金融发展水平的差异能够解释城市间创业活跃度差异的大约 20%，相对传统金融发展、交通基础设施、财政支出规模和产业结构升级而言，是更重要的解释变量。这也说明数字金融是推动城市创业活跃度提高的重要力量，是未来促进城

市创业活跃度的重要驱动力，对进一步扩大就业与经济增长、促进共同富裕具有重要意义。

表4-8　创业活跃度影响因素的相对重要性：拟合优度分解

变量	贡献率	排序
数字金融发展	0.1968	2
传统金融发展	0.0208	5
交通基础设施	0.0061	7
财政支出规模	0.0194	6
产业结构升级	0.0329	4
城市固定效应	0.3032	1
月度固定效应	0.0513	3

第五节　本章小结

基于2016年1月至2020年12月国家市场监督管理总局的工商注册信息数据，本章对城市间的创业活跃度的区域差异进行考察，基于核密度估计方法研究创业活跃的动态演变，基于泰尔指数分解方法创业活跃度的区域差异进行量化。之后，本章通过匹配创业活跃度数据与市层面的数字金融发展指数和经济变量数据，考察数字金融发展对城市创业活跃度的影响及其在不同类别城市间的差异，最后基于优势分析方法考察数字金融发展促进城市创业活跃度的相对重要性。本章首次从城市层面考察数字金融对创业的影响，也能够从不同类别城市（如主要城市和非主要城市）间的差异进行研究，这是基于省级数据所无法做到的。本章从促进创业视角以扩大就业、促进经济增长和实现共同富裕这一目标提供了新的研究视角和经验证据。本章得到的主要结论如下：

第一，从区域差异来看，城市创业活跃度整体呈现了快速上升的趋势，上升速度更快的城市是 4 个一线城市、15 个新一线城市、30 个二线城市以及省会城市等主要城市，其他城市创业活跃度上升趋势相对缓慢，主要城市与其他城市的创业活跃度长期存在较大的区域差异。东部沿海、北部沿海、南部沿海三大地带整体处于第一档次，城市创业活跃度远高于其他五大地带，八大经济地带之间存在的创业活跃度并未表现出收敛的趋势。

第二，从创业活跃度的动态分布来看，随着时间的推移，分布的位置整体向右移动。分布整体表现为"高度变高、宽度变窄"的特征，主要城市、其他城市以及经济地带内部，创业活跃度的差异在扩大，但相对差异程度整体具有缩小的趋势。这和主要城市与其他城市间、经济地带之间的创业活跃度的区域差异表现出的趋势不同。

第三，从泰尔指数分解结果来看，城市创业活跃度整体为较为明显的收敛趋势。从主要城市和其他城市来看，地区组间差异是造成总体差异更为重要的原因。主要城市其他城市泰尔指数均为下降趋势，并且主要城市下降速度更快，说明主要城市间的收敛速度更快，并且其他城市间的差异已经超过了主要城市。从八大区域来看，地区组内部差异在缩小，但仍然大于八大经济地带之间，地区组内部差异是造成城市间差异更重要的原因。但删除主要城市后，八大经济地带之间和内部的区域差异程度大体相当。

第四，从数字金融对创业活跃度的影响来看：①数字金融发展显著促进了城市创业活跃度的提高，数字金融覆盖广、使用更频繁、数字金融服务更加便利的城市，创业活跃度也越高。该结论在采用工具变量法进行估计后依然成立。②通过异质性检验发现，数字金融发展对主要城市与其他城市创业活跃度的促进效果相差不大，对发达地带创业活跃度的促进效果大于其他地带，数字金融发展并未缩小主要城市与其他城市、发达地带与其他地带之间创业活跃度的区域差异。③分位数估计结果显示，数字金融发展总体促进了城市之间创业活跃度的均衡发展，数字金融发展缩小了主要城市、其他城市、发达地带、其他地带各类别城市群体内部之间创业活跃度的区域差异，是导致数字金融发展缩小全部城市间创业活跃度区域差异的重要原因。④城市固定效应的差异能够解释因变量即城市创业活跃度大约30%的变异。除了城市固定效应，其余解释变量中解释率最高的即为数字金融发展，贡献率达到了将近20%，远高于其余解释变量，说明相对传统金融发展、交通基础设施、财政支出规模和产业结构升级而言，数字金融发展是更重要的解释变量。

第五章 数字金融对包容性增长的影响机制：数字技术的作用

数字金融对包容性增长的影响包含普惠与数字技术两方面的共同作用，本章重点关注数字技术的影响。基于2007~2020年A股上市公司的非平衡面板数据，考察数字化对企业绩效的影响及企业异质性，从企业外部融资约束环境和内部经营管理效率两个角度检验数字化对企业绩效的影响机制，最后实证考察数字化在行业内和城市内对企业绩效的溢出效应。本章第一节为问题的提出，第二节为研究策略，第三节为数字化与企业绩效的实证估计，第四节为数字化促进企业绩效的地区与行业溢出效应，第五节为本章小结。

第一节 问题的提出

自改革开放以来，我国经济已经经历了40多年的高速增长，但这种以要素驱动的发展模式，长期以来存在投入高、效率低的特点（郭庆旺和贾俊雪，2005），我国经济已由高速增长阶段转向高质量发展阶段。对促进实体经济高质量发展和经济强国建设的要求，是在全球人工智能、大数据、区块链、云计算等数字技术带来深刻变革，我国经济进入新发展阶段的背景下提出的。研究数字技术究竟对于推动经济高质量发展这一目标提供哪些新机遇、又带来哪些新挑战，亟待研究。

对数字经济影响经济发展的问题，现有文献一部分从地区层面探索了数字化对经济全要素生产率的影响（杨慧梅和江璐，2021；邱子迅和周亚虹，2021），一部分从企业层面考察了数字金融对全要素生产率的影响（宋敏等，2021）。本章旨在从微观企业的数字化视角探索其对企业绩效的影响，首次从行业、地区视角探索数字经济促进企业绩效的溢出效应，从企业外部融资约束环境改善和内部管理效率提升两个方面探索数字经济促进企业绩效的影响机制，最后探索了数字经济及其溢出效应在企业间存在的异质性。这主要从如下几个方面展开：第一，本章以数字技术应用的细分指标在报告中出现的频次作为企业数字化转型的代理变量，实证研究数字化对企业绩效的影响。第二，本章以 SA 指数和资产周转率作为影响机制变量，探索数字经济对企业绩效的传导机制，并从实证检验数字经济对企业绩效的异质性。第三，本章通过计算上市公司所在城市和所处行业的数字经济发展水平均值，首次探索数字经济在地区内和行业内的溢出效应。

本章的贡献主要包括：首先，本章以数字技术应用的细分指标在报告中出现的频次作为企业数字化的代理变量。在现有研究数字经济影响的相关文献中，多数采用地区层面的数字普惠金融指数（谢绚丽等，2018；邱晗等，2018；唐松等，2020）、金融科技公司数量（宋敏等，2021）以及根据主成分分析等方法和相关数字经济发展指标测算出的数字化水平作为核心解释变量进行研究（赵宸宇等，2021），本章从数字技术应用的细分指标在报告中出现的频次侧面反映企业数字化。其次，本章通过计算上市公司所在城市和所处行业的数字经济发展水平均值，首次从行业、地区视角探索数字经济促进企业绩效的溢出效应。从地区层面测算数字经济发展水平其实更多层次反映的是企业所在地区的数字经济环境，而本章基于企业层面的数字化发展水平，可从城市和行业层面估算企业的数字化水平，从行业、地区两个层面探索数字经济的溢出效应。最后，本章从企业外部融资约束环境改善和内部管理效率提升两个方面探索数字化及其溢出效应促进企业绩效的影响机制，并从企业规模、所有制、地区、数字化水平差异等角度实证检验数字化对企业绩效的异质影响。

关于数字化对企业绩效影响的相关文献，早期数字经济概念尚未系统形成，前期与数字经济影响文献比较相关的是基于互联网或信息基础设施角度进行研究。如国外学者早期对信息基础设施影响宏观经济增长的作用进行了一系列研究（Jorgenson 和 Stiroh，1999；Jorgenson，2001；Roller 和 Waverman，2001；Nordhaus，2002；Yilmaz 和 Dinc，2002；Jorgenson 等，2007；Venturini，2009）。国内早期关于信息化的影响，多数是从行业或地区层面进行考察。如徐瑾（2010）从地区层面考察了信息化的影响，发现信息化对拉动地区经济增长带来了正向影响，随着中西部信息化的快速发展，信息化对地区经济增长的影响日趋协调。孙琳琳等（2012）基于行业面板数据分析了信息化对中国经济增长的贡献，实证发现信息化对中国经济增长的贡献主要体现于ICT资本深化的贡献以及ICT制造业的全要素生产率改进。韩先锋等（2014）基于2005~2011年中国行业面板数据考察了信息化对工业部门技术创新效率的影响，发现信息化显著促进了工业部门技术创新效率的提高，但存在倒"U"型关系。孙早和徐远华（2018）基于中国高技术产业2002~2013年的行业面板数据检验了信息基础设施建设与高技术产业创新效率的关系，研究发现信息基础设施建设促进了中国高技术产业的创新效率，并且随着市场化程度的提高，对高技术产业创新效率的提升作用趋于增强。

随着数字技术的发展，数字技术渗透到了很多领域。由于数字技术在金融领域的使用以及北京大学数字金融研究中心编制的数字普惠金融指数指标丰富、涵盖地区范围广，已有不少研究考察了数字金融对企业的影响。如谢绚丽等（2018）研究发现，数字金融对于城镇化率较低的省份、注册资本较少的微型企业有更强的鼓励创业的作用。唐松等（2020）基于2011~2017 年的 A 股上市公司数据研究数字金融发展对企业技术创新的影响，发现数字金融促进了企业技术创新，数字金融能够有效校正传统金融中存在的"属性错配""领域错配""阶段错配"问题，并且在金融发展禀赋较差的地区，数字金融展现出更强的企业技术创新驱动效果。也有学者采用地区金融科技公司数量作为金融科技的发展水平。例如，宋敏等（2021）使用金融科技公司数量构建地区金融科技发展指标，利用 2011~2018 年 A 股上市公司数据，考察了金融科技发展对企业全要素生产率的影响及其机制。研究发现，金融科技能显著促进企业全要素生产率提高，金融科技通过降低金融机构与企业之间的信息不对称、缓解企业融资约束、提高信贷资源配置效率等渠道显著促进企业全要素生产率的提高。

早期的信息化研究多数偏向的是互联网化，与数字技术具有密切关系但又有较大区别。数字金融为数字技术在金融领域的渗透，然而企业的数字化转型体现在各个领域，也有部分研究基于构建的数字经济指数考察了数字经济的影响。如杨慧梅和江璐（2021）从数字产业化与产业数字化两个维度，采用主成分分析法构建了数字经济发展水平的指标体系，基于2004~2017 年的省际面板数据，实证分析数字经济发展对全要素生产率的影响。研究发现，数字经济发展显著促进了全要素生产率的提升，人力资本投资与产业结构升级是数字经济影响全要素生产率的两个渠道，数字经济发展还存在显著的空间溢出效应。赵宸宇等（2021）基于中国 A 股制造业上市公司数据，构建微观层面的数字化转型指数，实证检验数字化转型对企业全要素生产率的影响，研究发现数字化转型显著提高了企业全要素生产率，通过提高创新能力、优化人力资本结构、推动先进制造业和现代服务业融合发展以及降低成本均是促进全要素生产率提升的影响机制。郭吉涛和梁爽（2021）基于熵权 TOPSIS 法测算了 2012~2018 年中国数字经济发展水平指数，实证研究数字经济对全要素生产率的影响机理，发现数字经济提升了全要素生产率水平，数字经济推动了技术效率提升，但现阶段国内关键核心技术环节薄弱以及数字产业化带来的人才和资金的虹吸效应导致数字经济对技术进步产生了阻碍作用。

总体来看，现有文献已直接或间接考察了数字化对经济高质量发展的影响，但尚未从数字技术应用的细分指标在报告中出现的频次侧面反映了企业数字化的相关研究。同时，由于数字技术往往可能存在溢出效应，现有研究对数字技术在企业间的溢出效应还未进行考察，数字技术溢出效应影响企业绩效的传导机制和企业异质性尚待进一步探索。本章旨在考察数字化对企业绩效的影响及企业异质性，从外部融资约束环境和内部经营管理效率两个角度检验数字化对企业绩效的影响机制，实证考察数字化在行业内和城市内对企业绩效的溢出效应。

第二节　研究策略

为全面展示数字化对企业绩效的影响，本章采用如下研究策略。首先实证检验数字化对企业绩效的影响。其次在上述分析的基础上，企业规模、所有制、地区、数字化水平差异等角度实证检验数字经济对企业绩效的异质性，并从企业外部融资约束环境改善和内部管理效率提升两个方面探索数字经济促进企业绩效的影响机制。

一、样本选取与数据来源

本章主要采用的数据为我国 A 股上市公司数据，其中考虑到金融类企业的特殊性，本章剔除了金融行业上市公司。除了 A 股上市公司数据，本章还采用了地级市层面的 GDP 指数和传统金融发展水平数据。其中，A 股上市公司数据主要来源于 Wind 数据库，上市公司数字技术应用的细分指标在报告中出现的频次数据来源于国泰安 CSMAR 数据库，地级市层面的宏观变量数据来源于历年《中国城市统计年鉴》和 Wind 数据库。最终，本章所使用的数据为 2007~2020 年 A 股上市公司的非平衡面板数据，共 13191 个观测值。

二、模型设定与变量

为检验数字化对企业绩效的影响，本章设定如下基准回归模型：

$$\ln y_{it} = \alpha_i + \beta_1 index_{it-1} + \beta_2 X_{it-1} + u_{it} \tag{5-1}$$

其中，i 表示企业，t 表示年度，α 表示企业固定效应，u 表示随机扰动项，因变量 y 表示企业的人均产出，用于度量企业的生产绩效，采用企业的营业收入与员工人数的比值度量。同时为了缓解可能存在的双向因果导致的内生性问题，本章对除了劳动投入规模外所有的解释变量在年度上做了滞后一期处理。

核心解释变量（index）表示上市公司的数字化转型指数，采用上市公司数字技术应用的细分指标在报告中出现频次的自然对数测度。其中，数字技术应用的细分指标包括 B2B、B2C、C2B、C2C、Fintech、NFC 支付、

O2O、互联网医疗、互联网金融、工业互联网、开放银行、数字营销、数字金融、无人零售、智慧农业、智慧交通、智能医疗、智能客服、智能家居、智能投顾、智能文旅、智能环保、智能电网、智能穿戴、智能能源、智能营销、电子商务、移动互联、移动互联网、移动支付、第三方支付、网联、量化金融、金融科技。可以看出数字技术应用的细分指标更强调数字技术与其他领域的结合。数据库中除数字技术应用的细分指标在报告中出现的频次外，还包括人工智能技术、大数据技术、云计算技术、区块链技术的各细分指标在报告中出现的频次。但数字技术应用强调的是数字技术与其他领域的结合，其他数字技术的细分指标如数据挖掘等在报告中出现的频次相对不高，数字技术应用细分指标出现的频次占了更多的比重，超过了人工智能技术、大数据技术、云计算技术、区块链技术的各细分指标在报告中出现的频次之和。本章以数字技术应用的细分指标在报告中出现频次的自然对数测度，同时在稳健性检验部分报告全部细分指标在报告中出现频次的自然对数作为数字化代理变量的估计结果。

　　本章选择的影响企业绩效的控制变量 X 如下：①传统金融相对发展水平（FD）。金融发展一直是影响企业发展的重要因素之一，为控制各地区之间传统金融的发展水平差异，本章以上市公司所在城市的年末金融机构存款与贷款余额占 GDP 的比重度量。②城市层面的 GDP 指数（Gdp_index）。当地的经济环境也是影响企业绩效的重要因素，本章因此对上市公司所在城市的 GDP 指数进行控制。③企业劳动投入规模，采用企业员工人数的自然对数（lnL）度量。④企业规模（Scale）。企业生产往往会由于规模经济的存在对企业绩效也产生影响，本章对企业规模进行控制，其中企业规模采用企业总资产的自然对数测度。⑤财务杠杆（Lev），采用上市公司的资产负债率度量。⑥现金流量（Cash），采用企业经营性活动现金流净额与总资产的比率度量。

各变量的描述性统计如表 5-1 所示。其中，各变量的中位数均小于平均值，说明上市公司的人均产出、数字化转型、员工人数、企业规模等均表现出了左偏的分布特征。

表 5-1 各变量的描述性统计

变量	样本量	平均值	标准差	最小值	1/4 分位	中位数	3/4 分位	最大值
lny	13191	13.781	0.886	9.845	13.205	13.686	14.243	18.831
index	13191	1.479	1.089	0.000	0.693	1.386	2.197	5.889
lnL	13191	7.750	1.294	2.197	6.890	7.673	8.526	13.198
Scale	13191	22.085	1.321	17.388	21.150	21.935	22.825	28.509
Cash	13191	0.045	0.077	−0.762	0.006	0.043	0.084	1.127
Lev	13191	41.123	22.284	0.836	24.382	39.610	55.918	506.379
FD	13191	3.598	1.413	1.358	2.663	3.335	3.778	7.575
Gdp_index	13191	0.079	0.020	−0.025	0.068	0.076	0.083	0.192

第三节　数字化与企业绩效的实证估计

本节报告实证估计结果。首先，报告了数字普惠金融发展对省内创业不平衡的影响；其次，提供了稳健性检验和异质性分析；最后，进一步研究数字普惠金融通过创新影响区域创业不平衡的传导机制。

一、数字化与企业绩效

表 5-2 报告了基准回归模型（5-1）的估计结果，其中，列（1）为不包含各控制变量的估计结果，列（2）为包含了控制变量的估计结果。

表 5-2 的估计结果有如下主要发现：无论是否包含劳动投入、企业规模、现金流、资产负债率、传统金融发展和所在城市 GDP 增长率等控制变量，均发现企业数字化变量的估计系数为正且在 1% 的水平下显著，说明数字化转型显著促进了企业绩效的提高。其中根据列（2）的估计系数可知，数字化转型指数每提高 1 个标准差（1.089），企业的人均产出将会提高大约 3.38%。

表 5-2   数字化与企业绩效的基准估计结果

	（1）	（2）
	ln（人均产出）	ln（人均产出）
数字化	0.109*** （17.85）	0.031*** （5.95）
控制变量	否	是
企业固定效应	是	是
样本量	13191	13191
R^2	0.030	0.386

注：*、** 和 *** 分别表示在 10%、5% 和 1% 的水平下显著，括号内为 t 统计值。

二、稳健性检验

（一）内生性问题的处理：工具变量估计

模型（5-1）中企业数字化变量可能会存在内生性问题，从而导致表 5-2 的基准回归结果出现偏误。常用的工具变量包括互联网普及率、移动电话普及率、各省份到杭州的距离等。其中各省份到杭州的距离相对外生，但是其不会随时间推移而变化，对本章所估计的面板数据而言，无法采用工具变量估计。本章最终选择企业所在省份的互联网普及率和移动电话普及率作为工具变量进行估计，估计结果如表 5-3 所示。其中，列（1）和列（2）为第一阶段估计结果，列（3）至列（5）为分别以互联网普及率、移动电话普及率以及两者同时作为工具变量的估计结果。第一阶段的估计结果显示，互联网普及率和移动电话普及率的估计系数均为正且在 1% 的水平下显著，说明互联网普及率和移动电话普及率的提高均有助于当地企业数字化水平的提高，并且弱工具变量检验也得以通过。列（3）至列（5）的工具变量估计结果仍然发现数字化可以显著促进企业绩效的提升。此外，为了检验估计结果的稳健性，本章还尝试选择其他的变量作为工具变量进行估计。如数字化水平的滞后一期、数字化水平的水平值（e^{index}），估计结果仍然可以发现数字化变量的估计系数为正且在 1% 的水平下显著（估计系数分别为 0.088、0.070），与基准回归的结论整体一致。

表 5-3　数字化与企业绩效：工具变量估计

	第一阶段估计		工具变量估计		
	（1）	（2）	（3）	（4）	（5）
	数字化	数字化	ln（人均产出）	ln（人均产出）	ln（人均产出）
数字化	—	—	0.441*** （5.60）	0.267*** （3.96）	0.355*** （5.91）
互联网普及率	0.023*** （8.11）	—	—	—	—
移动电话普及率	—	0.695*** （8.04）	—	—	—
样本量	9798	9798	9798	9798	9798
Wald-F 统计量	65.823	64.576	—	—	—

注：*、** 和 *** 分别表示在 10%、5% 和 1% 的水平下显著，括号内为 t 统计值。控制变量包含劳动投入、企业规模、现金流、资产负债率、传统金融发展、所在城市 GDP 增长率以及企业固定效应。

（二）替换核心解释变量和样本选择

除工具变量估计外，本章还采用了其他稳健性检验方法。一是将前文的核心解释变量取滞后二期处理，进一步减弱企业绩效与数字化转型可能存在的因果关系导致的内生性问题。二是由于直辖市上市公司的数字化和绩效水平更高，双向因果关系可能更强，本章对直辖市样本进行剔除。三是数字化转型对上市公司绩效的影响可能是非线性的，本章在模型中进一步引入数字化变量的平方项进行估计。四是将核心解释变量由数字技术应用的细分指标在报告中出现频次的自然对数替换为还包括人工智能技术、大数据技术、云计算技术、区块链技术的各细分指标在内在报告中出现频次的自然对数。五是本章的核心解释变量为上市公司数字技术应用的细分指标在报告中出现频次的自然对数，可能并不能完全反映上市公司的数字化水平，本章将核心解释变量替换为北京大学数字金融研究中心编制的数字普惠金融指数中的"数字支持服务程度"进行估计，估计结果如表5-4所示。由表5-4中列（1）和列（2）的估计结果可知，变更滞后期、删除直辖市样本后，数字化变量的估计系数仍然为正且在1%的水平下显著。列（3）数字化平方项的系数为正且在5%的水平下显著，说明数字化对企业绩效的影响是非线性的，随着数字化水平的提高，其对企业绩效的影响也是越来越大的趋势，并且大多数样本位于正"U"型曲线的右侧。列（4）和列（5）的估计结果显示，由包括人工智能技术、大数据技术、云计算技术、区块链技术各细分指标在内在报告中出现频次的自然对数或者数字支持服务程度作为数字化的代理变量时，仍然发现数字化可以显著促进企业绩效的提高。

表 5-4　数字化与企业绩效：稳健性检验

	（1）	（2）	（3）	（4）	（5）
	变更滞后期	删除直辖市样本	引入数字化平方	替换核心变量	替换核心变量
	ln（人均产出）	ln（人均产出）	ln（人均产出）	ln（人均产出）	ln（人均产出）
数字化	0.027*** （4.78）	0.030*** （5.11）	−0.028** （−2.29）	0.029*** （5.36）	—
数字化²	—	—	0.017*** （5.38）	—	—
数字支持服务程度	—	—	—	—	0.020*** （5.75）
样本量	10595	10388	13191	13191	35455
R^2	0.385	0.381	0.387	0.385	0.297

注：*、** 和 *** 分别表示在 10%、5% 和 1% 的水平下显著，括号内为 t 统计值。列（4）的解释变量为全部细分指标在报告中出现频次的自然对数。控制变量包含了劳动投入、企业规模、现金流、资产负债率、传统金融发展、所在城市 GDP 增长率以及企业固定效应。

三、异质性检验

此部分进一步对数字化影响企业绩效的效果在不同类别企业之间存在的异质性，估计结果如表 5-5 所示。表 5-5 列（1）和列（2）、列（3）和列（4）、列（5）和列（6）、列（7）和列（8）分别检验数字化的影响在国有企业与非国有企业、大规模企业与小规模企业、数字化水平高的行业和数字化水平低的行业、南方地区与北方地区之间的差异。规模的分类根据样本中规模的中位数进行分类，行业数字化水平根据样本中各行业上市公司数字化水平均值的中位数进行分类，南方和北方地区分类方法参考《清华大学中国平衡发展指数报告（2019 年）》。表 5-5 的估计结果显示，数字化对小规模企业和北方地区企业绩效的促进作用更大，说明数字化水平的提高有利于缩小南北差异和小规模企业与大规模企业的差异。然而，数字化转型的提高对国有企业绩效的促进作用更大，并且由于数字化转型对企业绩效的影响是边际递增的，数字化的影响在数字化水平高的行业体现得更为明显。此外，通过比较各系数的大小差异可知，数字化促进企业绩效的差异在不同规模、不同数字化程度上表现的更为明显，在国有企业与非国有企业、南方地区和北方地区之间虽然存在一定差异，但相对没那么明显。

表 5-5　数字化与企业绩效：异质性

	ln（人均产出）							
	（1）	（2）	（3）	（4）	（5）	（6）	（7）	（8）
	国有企业	非国有企业	大规模	小规模	数字化水平高	数字化水平低	南方企业	北方企业
数字化	0.037***（3.89）	0.029***（4.61）	0.015**（2.00）	0.040***（4.99）	0.042***（5.36）	0.014*（1.75）	0.027***（4.69）	0.041***（3.37）
样本量	4177	9014	6595	6596	7271	5920	10299	2892
R^2	0.363	0.399	0.364	0.311	0.342	0.413	0.395	0.362

注：*、** 和 *** 分别表示在 10%、5% 和 1% 的水平下显著，括号内为 t 统计值。控制变量包含劳动投入、企业规模、现金流、资产负债率、传统金融发展、所在城市 GDP 增长率以及企业固定效应。

四、数字化促进企业绩效的传导机制

接下来的一个关键问题是：数字化为什么能够促进企业绩效？本章认为数字化能够同时影响企业的外部环境和内部经营管理来影响企业绩效。首先，银企之间的信息不对称会导致企业间的技术效率存在差异（杨丰来和黄永航，2006），大数据、人工智能等数字技术的采用会使企业的财务信息更加透明化，降低银企之间的信息不对称程度，从而缓解企业的外部融

资约束环境。其次，以人工智能、大数据、5G、物联网、工业互联网为代表的数字化技术应用，将对企业产生积极影响，并通过智能制造、智慧供应链管理等多种方式降本增效。中国电子信息产业发展研究院的统计数据表明，数字化转型将使制造业企业成本降低17.6%、营业收入增加22.6%。因此，数字化转型能够同时缓解企业的外部融资约束环境和提高企业内部的经营管理效率。

本章以SA指数反映企业的融资约束。参考Hadlock和Piere（2010）、刘莉亚等（2018）、宋敏等（2021）的做法，融资约束即SA指数通过公式 $-0.737 \times \text{Scale} + 0.043 \times \text{Scale}^2 - 0.04 \times \text{Age}$ 计算得到[1]，该指数越大，说明企业面临的融资约束也越大。本章以总资产周转率（营业收入/总资产）反映企业的经营管理效率。总资产周转率是考察企业资产运营效率的一项重要指标，体现了企业经营期间全部资产从投入到产出的流转速度，反映了企业全部资产的管理质量和利用效率。表5-6汇报了对SA指数和总资产周转率进行中介效应检验的结果。同时，为便于比较，本章在表5-6列（3）同时汇报了基准回归结果（见表5-2中的列（2））。

表5-6　数字化与企业绩效：中介效应检验

	SA指数	资产周转率	ln（人均产出）			
	（1）	（2）	（3）	（4）	（5）	（6）
数字化	-0.016*** （-11.30）	0.009** （2.27）	0.031*** （5.95）	0.014*** （2.72）	0.025*** （5.59）	0.003 （0.74）
SA指数	—	—	—	-1.088*** （-31.04）	—	-1.332*** （-46.87）

① Scale为前文中的变量企业规模，Age为企业上市年数。

续表

	SA 指数	资产周转率	ln（人均产出）			
	（1）	（2）	（3）	（4）	（5）	（6）
资产周转率	—	—	—	—	0.695*** （62.71）	0.749*** （74.14）
样本量	13191	13191	13191	13191	13191	13191
R^2	0.386	0.796	0.439	0.019	0.557	0.636

注：*、** 和 *** 分别表示在 10%、5% 和 1% 的水平下显著，括号内为 t 统计值。控制变量包含劳动投入、企业规模、现金流、资产负债率、传统金融发展、所在城市 GDP 增长率以及企业固定效应。

表 5-6 中列（1）的估计结果显示，数字化变量的估计系数为负且在 1% 的水平下显著，说明企业数字化转型能够显著缓解企业面临的融资约束。列（2）的估计结果显示，数字化变量的估计系数为正且在 5% 的水平下显著，说明企业数字化转型能够显著提高企业的经营管理效率。列（4）的估计结果显示，在加入 SA 指数后，数字化变量的估计系数仍然为正且在 1% 的水平下显著，但数字化对企业绩效的影响系数从 0.031 下降到了 0.014，SA 指数的估计系数为负且在 1% 的水平下显著，说明数字化通过缓解企业融资约束提高了企业的人均产出水平。列（5）的估计结果显示，在加入资产周转率变量后，数字化变量的估计系数仍然为正且在 1% 的水平下显著，数字化对企业绩效的影响系数从 0.031 下降到了 0.025，资产周转率变量的估计系数为正且在 1% 的水平下显著，说明数字化通过改善企业经营管理效率提高了企业的人均产出水平。列（6）的估计结果显示，在同时加入 SA 指数和资产周转率变量后，SA 指数的估计系数为负且在 1% 的水平下显著，资产周转率变量的估计系数仍然为正且在 1% 的水平下显著，与列（4）和列（5）的表现类似。但数字化变量的估计系数不再显著，这也说明

缓解外部融资约束环境和提高经营管理效率是数字化促进企业绩效的两个重要渠道。

第四节　数字化促进企业绩效的地区与行业溢出效应

前文已经得知企业数字化对企业绩效的影响，但并未考虑到数字化的溢出效应。数字技术的溢出效应在同地区、同行业都可能会带来溢出效应，若仅考察企业自身数字化水平的影响，可能不足以完全认识到数字化促进企业绩效的积极作用和传导机制。本部分从地区对数字化促进企业绩效的溢出效应进行实证检验。

一、数字化促进企业绩效的溢出效应检验

本章通过引入上市公司所在城市和所在行业的数字化转型水平的均值变量检验数字化促进企业绩效的溢出效应[1]。在控制了企业自身数字化转型水平后，其所在城市和行业的数字化转型对其绩效的影响可以反映出数字化促进企业绩效的地区与行业溢出效应。估计结果如表5-7所示。在引入行业数字化和上市公司所在城市的数字化水平之后，数字化变量的估计系数仍然为正且在1%的水平下显著，行业数字化和城市数字化水平变量系数均为正且均通过了5%水平下的显著性检验，说明除企业本身数字化水平的影响外，所处行业和城市的数字化水平均会对其绩效产生一定的正向溢出效应。

---

[1]　具体为上市公司所在城市和所在行业的上市公司数字技术应用的细分指标在报告中出现频次均值的自然对数。

表5-7　数字化促进企业绩效的溢出效应检验

	（1）	（2）	（3）
	ln（人均产出）	ln（人均产出）	ln（人均产出）
数字化	0.029*** （5.33）	0.025*** （4.42）	0.023*** （4.13）
行业数字化	0.043*** （2.69）	—	0.038** （2.37）
城市数字化	—	0.028*** （3.37）	0.026*** （3.11）
样本量	12984	12984	12984
R^2	0.386	0.386	0.386

注：*、** 和 *** 分别表示在10%、5%和1%的水平下显著，括号内为t统计值。控制变量包含劳动投入、企业规模、现金流、资产负债率、传统金融发展、所在城市GDP增长率以及企业固定效应。

二、数字化促进企业绩效溢出效应的企业异质性

本部分进一步对数字化影响企业绩效的溢出效应在不同类别企业之间存在的异质性，分类方法同表5-5，估计结果如表5-8所示。在引入行业数字化和城市数字化水平后，企业本身数字化对绩效的影响与表5-5表现出了类似的差异，即数字化对国有企业、小规模企业、数字化水平高的行业、北方地区企业绩效的促进作用更大。通过比较各系数的大小差异可知，数字化促进企业绩效的差异在不同规模、不同数字化程度表现得更为明显，在国有企业与非国有企业、南方地区和北方地区之间虽然存在一定差异，但相对没那么明显。

表5-8 数字化促进企业绩效溢出效应的企业异质性

	ln（人均产出）							
	（1）	（2）	（3）	（4）	（5）	（6）	（7）	（8）
	国有	非国有	大规模	小规模	数字化水平高	数字化水平低	南方	北方
数字化	0.028*** （2.72）	0.020*** （3.04）	0.007 （0.86）	0.031*** （3.61）	0.036*** （3.20）	0.015** （2.26）	0.019*** （3.11）	0.037*** （2.78）
行业数字化	−0.045* （−1.92）	0.125*** （5.48）	0.009 （0.47）	0.126*** （4.23）	0.245*** （4.79）	−0.007 （−0.32）	0.027 （1.44）	0.050 （1.53）
城市数字化	0.044*** （3.03）	0.016 （1.61）	0.021* （1.87）	0.026** （2.05）	0.071*** （2.97）	0.015* （1.73）	0.033*** （3.57）	0.000 （0.02）
样本量	4110	8874	6492	6492	3181	9803	10155	2829
R^2	0.368	0.401	0.365	0.314	0.422	0.378	0.394	0.367

注：*、** 和 *** 分别表示在10%、5% 和1% 的水平下显著，括号内为t统计值。控制变量包含劳动投入、企业规模、现金流、资产负债率、传统金融发展、所在城市GDP增长率以及企业固定效应。

通过比较溢出效应的系数大小可知，行业内数字技术的溢出效应在非国有企业、小规模企业、数字化程度高的行业和北方地区相对更大，所在城市数字技术的溢出效应在国有企业、小规模企业、数字化程度高的行业和南方地区更大。综合来看，无论是企业自身数字化水平还是行业和城市数字化的溢出效应，均表现出小规模企业和数字化程度高的行业更大，但受限于所有制和地区经济环境不同，行业溢出效应和城市溢出效应在国有企业与非国有企业、南方与北方地区之间表现出的差异不同。可能的原因在于，虽然数字技术对南方地区企业绩效的促进作用更大，但南方地区的市场化程度更高，城市内部的数字技术溢出效应更为明显。国有上市公司往往集中在大城市，城市数字技术溢出效应更大，但同时由于国有上市公司实力更强，规模更大，在行业内数字技术溢出效应小于非国有企业。

三、数字化及其溢出效应促进企业绩效的传导机制

前文发现，数字化通过影响企业的外部环境和内部经营管理来影响企业绩效，那么行业数字化和城市数字化溢出效应也可能通过这两个渠道影响了企业绩效。此部分选取与表5-6相同的中介变量进行检验，估计结果如表5-9所示。表5-9中列（1）的估计结果显示，数字化、行业数字化和城市数字化变量的估计系数均为负且在1%的水平下显著，说明企业自身数字化、所处行业数字化和所处城市数字化水平的提高均会降低企业所面临的融资约束，企业能够从所处行业和地区的整体发展中受益。表5-9中列（2）的估计结果显示，只有企业自身数字化变量的估计系数通过了显著性检验，说明所处行业数字化和所处城市数字化并不会直接影响到企业内部的经营管理效率，主要是通过影响的外部环境的融资约束。由表5-9中列（3）至列（6）的估计结果可知，在加入中介变量SA指数和资产周转率后，SA指数的估计系数为负且在1%的水平下显著，资产周转率变量的估计系数为正且在1%的水平下显著，说明融资约束对企业绩效产生了负向影响，资产周转率的提高有助于企业人均产出的提高。加入中介变量后，数字化、行业数字化和城市数字化变量的估计系数均有了较大幅度的下降。综上来看，企业自身数字化、行业和城市溢出效应均会降低企业所面临的融资约束从而促进企业绩效，而在内部经营管理效率方面，只有企业自身数字化水平起到了显著的促进作用，行业和城市溢出效应不显著。

表 5-9　数字化及其溢出效应促进企业绩效的传导机制

	SA 指数	资产周转率	ln（人均产出）			
	（1）	（2）	（3）	（4）	（5）	（6）
数字化	−0.009***	0.008*	0.023***	0.013**	0.018***	0.004
	（−6.26）	（1.91）	（4.13）	（2.41）	（3.68）	（1.03）
行业数字化	−0.068***	−0.007	0.038**	−0.036**	0.043***	−0.048***
	（−15.75）	（−0.56）	（2.37）	（−2.29）	（3.14）	（−3.79）
城市数字化	−0.016***	0.002	0.026***	0.009	0.024***	0.003
	（−7.12）	（0.36）	（3.11）	（1.08）	（3.44）	（0.46）
SA 指数	—	—	—	−1.095***	—	−1.349***
				（−30.34）		（−46.09）
资产周转率	—	—	—	—	0.692***	0.747***
					（62.25）	（73.53）
样本量	12984	12984	12984	12984	12984	12984
R^2	0.802	0.018	0.386	0.438	0.558	0.636

　　注：*、**、***分别表示在10%、5%、1%的水平下显著，括号内为 t 统计值。控制变量包含劳动投入、企业规模、现金流、资产负债率、传统金融发展、所在城市 GDP 增长率以及企业固定效应。

第五节　本章小结

　　本章基于 2007~2020 年 A 股上市公司的非平衡面板数据，考察数字化对企业绩效的影响及企业异质性，从企业外部融资约束环境和内部经营管理效率两个角度检验数字化对企业绩效的影响机制，最后实证考察了数字化在行业内和城市内对企业绩效的溢出效应。本章基于企业层面的数字化发展水平，可从城市和行业层面估算企业的数字化水平，从行业、地区两个层面探索数字经济的溢出效应，为探索数字化影响经济高质量发展的效果提供了新的研究视角。

　　本章的主要发现如下：第一，数字化转型显著促进了企业绩效的提高，数字化转型指数每提高 1 个标准差（1.089），企业的人均产出将会提高大约 3.38%。第二，数字化对小规模企业和北方地区企业绩效的促进作用更大，说明数字化水平的提高有利于缩小南北差异和小规模企业与大规模企业的差异。然而，数字化转型的提高对国有企业和数字化水平高的行业绩效的促进作用更大。第三，数字化转型能够同时缓解企业的外部融资约束环境和提高企业内部的经营管理效率。第四，除企业本身数字化水平的影响外，所处行业和城市的数字化水平均会对其绩效产生一定的正向溢出效应，并且在不同类别企业间也存在较大差异。第五，企业自身数字化、行业和城市溢出效应均会降低企业所面临的融资约束从而促进企业绩效，而在内部经营管理效率方面，只有企业自身数字化水平起到了显著的促进作用，行业和城市溢出效应不显著。

第六章　数字金融对包容性增长的影响机制：创新

　　本章结合北京大学数字普惠金融指数、省市级宏观数据和上市公司数据，多方位考察数字金融与区域创新均衡发展之间的关系，并探索数字金融影响区域创新均衡发展的传导机制和微观基础。研究发现，数字金融的发展有利于促进省内各地级市间的创新均衡发展。差异性分析显示，数字金融的普惠效应在东部地区和省份内部创新差异较大的地区更为强烈。进一步的传导机制分析表明，数字金融能够促进传统金融与信息基础设施的结合，提高信息基础设施对区域创新均衡发展的边际影响。但值得注意的是，数字金融并不能显著推动省份之间创新的均衡化发展。此外，微观结果表明，数字金融能够促进企业间创新均衡发展，但是不利于东部地区和中西部地区之间创新的均衡化发展。因此要进一步深化数字金融发展，实施差异化的发展策略，为区域创新的均衡发展提供强劲动力。

第一节　引言

党的十九大报告中明确指出，我国社会主要矛盾已经转化为人民日益增长的美好生活需要和不平衡不充分的发展之间的矛盾。纵观全局，近年来我国经济发展取得了举世瞩目的成绩，区域协调发展也呈现出新态势和新格局，但是不可否认的是，目前创新仍然存在区域差异程度大的问题，创新分化仍然比较严重。科技创新在我国现代化建设全局中占据着核心地位，深刻影响着区域经济、产业结构以及协调发展的进程。因此，如何推动创新协调均衡发展成为当下重要议题。

我国正处于数字化时代的浪潮中，数字技术的快速发展和传统金融有效供给不足，在一定程度上造就了数字金融的蓬勃发展。数字金融以其特有的普惠性质，在缩小区域创新不平衡发展方面被寄予厚望。就目前来看，我国数字金融发展突飞猛进，发展水平不断提高（王靖一和黄益平，2018）。数字金融以互联网新兴技术为依托，通过大数据、云计算以及人工智能等新一代信息技术与传统金融的有机结合，有效地降低了交易成本和金融服务门槛，提高了金融覆盖范围和资源配置效率，为区域创新发展提供了前所未有的发展契机，进而能够在一定程度上对地区创新均衡发展产生影响。再加之我国正处于由传统的要素驱动向创新驱动转变的攻关期，也亟须金融在资源配置方面释放出其关键效用。基于此，本章对数字金融与区域创新均衡发展两者间关系展开探讨，不仅能够为改善地区创新创新均衡发展提供数字金融这一强力抓手，还可以为区域协调发展提供一定的理论指导和思路启示。

与已有研究相比，本章的边际贡献主要在于：第一，虽然数字金融发展的普惠效应得到了众多文献的支持，但这种普惠效应在省间可能并不存在。如我国近年来出现迅速发展的"淘宝村"，大多数集中在广东、浙江等东部地区。基于此，本章首次将整体创新不平衡分为省内和省间两大部分，即从省份内部各城市间创新均衡发展和省份之间创新均衡发展两个维度来描绘区域创新均衡发展现象，对地区创新均衡发展进行了全面系统的衡量，试图为进一步理解和把握数字金融在推动区域创新均衡发展中的重要作用提供一定的理论支撑。第二，现有文献往往将宏观、中观以及微观三个层面的研究相割裂，也就是说，目前大多数文献是以企业层面或省域视角某种单一角度来展开论述，难以全面刻画出数字金融对创新均衡发展的影响效应和影响路径。因此，本章从宏观表现、中观审视以及微观基础三个层次"自上而下"地挖掘数字金融对区域创新均衡发展影响效应的深层逻辑，使研究结论更具有说服力和可靠度。第三，本章进一步详细剖析了数字金融对东部地区和中西部地区的异质性影响，以及在不同创新差异水平地区内数字金融的差异化影响效应，同时又探索了信息基础设施在数字金融普惠效应发挥过程中的重要作用，以探寻数字金融优势领域，为深化数字金融的创新效应提供科学引导。

本章剩余部分为：第二节对数字金融的相关文献进行了梳理总结；第三节对数据来源、指标选取以及模型构建进行了详细介绍，同时描绘了我国区域创新均衡发展的主要特征；第四节实证探究了数字金融对省份内各城市间创新均衡发展的影响效应，并进行了相应的稳健性检验、异质性分析以及影响机制的探索；第五节进一步考察了数字金融对省份间创新均衡发展的影响效果；第六节从企业层面着手，展示了数字金融对区域创新均衡发展影响的微观基础；第七节总结了本章主要结论并提出了相应建议。

第二节　文献综述

创新对一个国家竞争优势的提高和经济的强劲增长有着至关重要的作用，其所具有的高投资、高风险以及回报周期长等特点，亟须金融为其提供有力的资金支持（Hsu 等，2014；Acharya 和 Xu；2016）。而现阶段，新一轮科技革命和产业变革蓬勃兴起，大数据、云计算、物联网、人工智能等信息技术迅猛发展，数字化技术正赋能传统金融领域，高效驱动了传统金融的转型升级，助推了数字金融的跨越式发展。作为一种新兴金融模式，数字金融的腾飞有效改善了传统金融体系，弥补了传统金融发展劣势，缓解了传统金融中信息不对称所导致的高成本、高风险问题（Teece，2009；黄浩，2018），为技术创新活动的开展提供了良好机遇。

就目前来看，数字金融对技术创新的正向推动作用已得到了学者的广泛认可。在微观层面上，数字金融能够有效拓展企业创新的融资渠道，改善企业融资约束（Dermine，2016；Ozili，2018），提高金融资源配置效率（Gomber 等，2017），进而激发企业创新潜能和动力。唐松等（2020）认为，数字金融的发展能够有效校正传统金融中存在的"属性错配""领域错配""阶段错配"问题，从而对企业创新产生正向影响。贾俊生和刘玉婷（2021）以中小板和创业板上市公司为研究样本，研究发现数字金融对企业创新有显著的促进作用，但是这种作用只限于非国有企业和高新技术企业中。在宏观层面上，数字金融借助大数据、互联网以及云计算等先进技术，可以打破金融要素流转的时空和地理距离限制等约束（薛莹和胡坚，2020），有助于加快金融要素流动速度，拓展金融服务覆盖范围（Shofawati，2019），缓解欠发达地区金融支撑不足等束缚，从而为地区创新活动的推行提供极大便利。杜传忠和张远（2020）指出，数字金融对区域技术创新产生了显著的促进作用，且在高人力资本水平城市和二三线城市，数字金融的创新效应更加显著。刘佳鑫和李莎（2021）运用 30 个省份的面板数据，研究表明数字金融有利于从供给侧缓解融资约束问题来促进区域创新水平提升，同时也可通过促进消费需求间接作用于区域创新。

综观文献可以发现，当下关于数字金融与区域创新均衡发展的文献相对比较缺乏，大多数学者是通过探究数字金融对区域创新的异质性影响而得出数字金融有利于促进地区创新均衡发展的相关结论（梁榜和张建华，2019）。回顾历史，造成我国区域发展水平差异过大的原因不排除资源禀赋和区位优势等因素，但是原本金融体系的制度缺陷也是其重要原因之一。过去金融系统的低效和扭曲影响资金的正常流动，进一步深化了我国地区创新发展的不协调（李晓龙和冉光和，2018）。而数字金融的提出旨在全方位地为欠发达地区、中小微企业以及低收入等特殊群体提供便捷高效的金融服务，具有明显的包容性、普惠性以及数字性等特征（张勋等，2019）。具体而言，数字金融可通过以下途径直接影响区域创新均衡发展：数字金融作为传统金融的有力补充，利用数字技术增强了资金流和信息流效率（Du 等，2020），提高了金融要素的地理穿透性（邱晗等，2018），扩大了金融服务范围（Igoni 等，2020），为传统金融所排斥的长尾群体提供了更加高效、灵活、便捷的金融服务和支持（Salampasis 和 Mention，2018；万佳彧等，2020），使欠发达地区也能获得大量资金从事创新活动，在很大程度上改善了我国创新发展的不平衡、不充分和不合理，为经济欠发达地区实现赶超提供了极大可能（郭峰等，2020）。同时，数字金融依托数据挖掘和人工智能等技术，能够在一定程度上缓解信息不对称等问题，有效减少金融市场中的道德风险和逆向选择，更加精准高效地识别和防范风险（宋晓玲，

2017），从而为创新发展提供了强有力保障。此外，新科技与金融领域的深度融合，塑造了"无界金融"的新生态，这会在一定限度上模糊不同区域原本的金融资源禀赋，使各区域都处于同种金融服务的笼罩下，有利于各地区创新的均衡发展（滕磊和马德功，2020）。但是还有少部分学者持有相反观点，张梁等（2021）以2011~2018年我国地级市面板数据为样本，研究指出数字金融在区域创新层面存在"马太效应"，即数字金融不利于区域间创新均衡发展。

综上所述，目前大多数文献是围绕数字金融与创新的关系而展开，且学者在数字金融与创新均衡发展的关系上尚未形成统一的见解，这可能不利于全方位考察数字金融的创新效应，也不利于解决当下社会主要矛盾，深化区域创新的协同联动发展。因此，本章从数字金融的视角切入，将区域创新差异划分为省内创新差异和省间创新差异两大部分，从宏观、中观以及微观多个层面来全方位、多角度地探析数字金融对区域创新均衡发展的影响，这对进一步释放数字金融的普惠效应具有一定的现实指导意义。

第三节　研究策略

为全面展示数字金融对我国区域创新均衡发展的影响，本章首先采用泰尔指数来度量省内各城市之间创新的区域差异程度；其次评估数字金融对创新均衡发展的影响；最后在上述分析的基础上，考察数字金融对区域创新均衡发展的异质性影响以及作用机制。在本部分，我们首先介绍上述估计所采用的数据、变量和模型设定。

一、数据说明

本章所使用数据的时间跨度为 2011~2018 年，涵盖全国 31 个省份面板数据和全国 339 个地级市面板数据，该部分数据主要来源于 2012~2019 年的《中国统计年鉴》《中国城市统计年鉴》以及各省市统计年鉴，创新相关数据来源于中国研究数据服务平台 CNDRS 数据库，各省市数字金融指数则来自北京大学数字金融研究中心。

二、变量选取

（一）被解释变量

关于创新区域差异的度量方法众多，其中较为常见的测度方法是泰尔指数法，因此，本章以技术创新为基础采用泰尔指数法对创新的区域差异进行衡量。而在技术创新水平的度量方面，学者尚未形成统一的观点。一部分学者认为应从 R&D 经费等创新投入的视角切入，还有部分学者强调由于创新活动具有失败率高和不确定性强的特点，因而从专利申请和专利授权等创新产出的角度来对其进行衡量更为准确（Cornaggia 等，2015）。所以，参照余明桂等（2016）的做法，本章从创新产出的层面入手，同时鉴于发明专利的技术要求高、价值含量大且获得难度大，通常是专门针对产品和方法而提出的新型技术方案，从而在一定程度上更能精准地反映技术创新能力，且专利授权量往往存在一定的时滞性，对此选取人均发明专利申请量来测度技术创新水平。综上所述，本章以人均发明专利申请量为基础利用泰尔指数来评价地区创新的不平衡发展程度。泰尔指数的计算公式为：

$$\text{Theil}_i = \frac{1}{N} \sum_{j=1}^{N} \frac{\text{Inno}_{ij}}{\text{Inno}_i} \ln\left(\frac{\text{Inno}_{ij}}{\text{Inno}_i}\right) \qquad (6\text{-}1)$$

其中，i 表示省份，j 表示地级市。Inno$_{ij}$ 表示省份 i 中地级市 j 的人均发明专利申请量，$\overline{\text{Inno}_i}$ 表示省份 i 的人均发明专利申请量均值，N 表示各省份所包含的地级市数量。泰尔指数值越小意味着地区创新发展越均衡。我国区域创新均衡发展的主要特征如表 6-1 所示。

表 6-1　2011~2018 年泰尔指数均值分布

年份	全样本	东部	中西部
2011	0.525	0.398	0.605
2012	0.488	0.389	0.550
2013	0.495	0.381	0.567
2014	0.479	0.347	0.562
2015	0.475	0.323	0.570
2016	0.433	0.305	0.515
2017	0.420	0.286	0.504
2018	0.426	0.277	0.520

由表 6-1 可知，首先，从时间维度来看，2011~2018 年，全样本范围下泰尔指数均值由 0.525 下降到 0.426，下降了 0.099；东部地区由 0.398 减少到 0.277，下降了 0.121；中西部地区由 0.605 降低至 0.520，下降了 0.085。显然，无论是从全样本来看，还是分区域观察，随着时间的推移，泰尔指数均值都呈现出逐步下降的趋势，表明我国创新均衡发展程度在逐渐提高，并且在 2011~2018 年东部地区创新均衡发展的变动程度相对最大。其次，从空间角度上观察，中西部地区泰尔指数的均值明显高于东部地区，意味着相较于中西部地区而言，东部地区创新均衡发展程度相对更大，其

原因可能是中西部部分省份如湖北、河南创新水平相对较高，而宁夏、青海等省份创新水平较低，两者间的较大差异导致中西部创新均衡发展程度较低。

（二）核心解释变量

关于核心解释变量数字金融的测算，采用北京大学数字金融研究中心和蚂蚁金服集团共同编制的《北京大学数字普惠金融指数》，并对其进行标准化处理。数字普惠金融指数由三个子维度组成，即数字覆盖广度（IF_1）、使用深度（IF_2）和数字支持服务程度（IF_3），其中，数字覆盖广度主要由支付宝账号数量、支付宝绑卡用户比例和支付宝账号绑定银行卡数三部分组成，反映了数字金融账户覆盖率；使用深度包含了支付业务、信贷业务、保险业务、投资业务以及征信业务；数字支持服务程度则主要涵盖了金融服务成本和便利性，体现了互联网技术（郭峰等，2020）。

（三）控制变量

众所周知，区域创新均衡发展的影响因素众多，除受到数字金融的影响之外，还会受到其他诸多因素的影响。因此，通过对文献的梳理总结，本章选取以下控制变量：产业结构（Ind）：用二三产业产值之和与GDP的比值来衡量。产业结构升级意味着要素由低级向高级的突破，必然会伴随新知识新技能的发展以及新概念的尝试，因而会对技术创新产生一定的影响（Azadegan和Wagner，2011）。对外开放（Open）：用进出口总额占GDP比重来反映。开放水平的提高有助于深化对外贸易的技术溢出效应，使地区更容易通过进口获取高科技产品和新兴技术，进而助力区域技术创新（Shabbir等，2021）。政府支出（Gov）：用政府财政支出与GDP比值来测度。政府财政支出是创新的重要支撑，财政支出规模越大，说明政府重视程度越高，对创新的影响也就相对越大（陈银娥等，2021）。人力资本水平

（Edu）：用就业人员的平均受教育年限来表征。人才作为创新的原始力量，能够通过相互交流学习促进知识的流动和聚合，推动新技术的产生和扩散（Muhamad 等，2018）。传统金融（Fin）：用银行业金融机构存贷款总额与GDP之比来测量。传统金融市场的发展能够在一定程度上解决技术创新所需的资金问题，为创新活动的开展提供一定支撑（Ullah，2019）。同时，还为了剔除传统金融对创新均衡发展的影响，在回归模型中控制了传统金融发展。

三、模型构建

为了探究数字金融对地区创新均衡发展的影响，本章利用中国31个省份面板数据，构建如下计量模型：

$$Theil_{it} = \beta_1 Dif_{it-1} + \beta_2 X_{it-1} + \mu_i + \varepsilon_{it} \qquad (6-2)$$

其中，i表示各省市；t表示年份；$Theil_{it}$表示被解释变量泰尔指数，反映区域创新均衡发展；Dif_{it-1}表示核心解释变量，表征各省份数字金融发展水平；X_{it-1}表示其余控制变量；μ_i表示省份固定效应；ε_{it}表示随机扰动项。考虑到数字金融效应的发挥可能需要一定的时间，同时为了在一定程度上削弱数字金融与均衡发展之间双向因果关系所导致的内生性问题，将所有解释变量滞后一期引入模型中。

第四节 实证分析

基于上述分析，本节对数字金融与创新均衡发展之间的关系进行实证研究。首先，进行了相应的基准回归分析；其次，利用工具变量法和替代因变量度量方法进行了稳健性检验；再次，探究了数字金融对区域创新均衡发展的异质性影响；最后，探索了数字金融对创新均衡发展的影响机制。

一、基准回归

以 2011~2018 年中国 31 个省份数据为样本，利用固定效应估计方法对模型（6-1）进行回归分析，同时为了更准确地描绘出数字金融对创新均衡发展的影响效应，依次将数字金融三个子指标数字覆盖广度、数字使用深度以及数字支持服务程度引入模型中，回归结果如表 6-2 所示。首先，观察表 6-2 中列（1），当泰尔指数作为被解释变量时，核心解释变量数字金融的估计系数通过了 1% 水平的显著性检验，其数值为 -0.055，表示数字金融对创新均衡发展的影响效应为正，即数字金融有利于促进区域创新均衡发展。因此可以推断出，有别于传统金融，数字金融具有一定的"包容性"和"普惠性"。它所依托的数字技术，能够引导金融要素实现跨地区跨时空流转，破除欠发达城市金融资源禀赋的束缚，增强偏远地区金融资源配置效率，助益欠发达地区发挥"后发优势"，进而促进省份内部各城市之间创新均衡发展，实现技术创新的均衡协调发展。其次，详细来看，数字金融三个子指标的弹性系数也均体现为显著的负值，其中数字金融覆盖广度和数字支持服务程度对创新均衡发展的影响效应较为强烈，因此要进一步扩大数字金融覆盖面积，提高互联网金融支持服务水平，深化普惠金融的突破金融要素流转限制等优势，在更大程度上赋能地区创新发展。同时还要注重数字金融的纵向深入发展，以为区域创新的均衡协同发展提供优越的金融环境。

表6-2 数字金融与创新均衡发展：基准回归

	（1）	（2）	（3）	（4）
	泰尔指数	泰尔指数	泰尔指数	泰尔指数
数字金融	-0.055^{***} （-3.46）	—	—	—
覆盖广度	—	-0.059^{***} （-3.46）	—	—
使用深度	—	—	-0.028^{*} （-1.88）	—
数字支持服务	—	—	—	-0.072^{***} （-3.90）
产业结构	2.484^{***} （2.74）	2.568^{***} （2.79）	1.898^{**} （2.03）	2.905^{***} （3.12）
对外开放	-0.151 （-1.52）	-0.146 （-1.48）	-0.132 （-1.30）	-0.214^{**} （-2.11）
财政支出	1.395^{***} （2.87）	1.338^{***} （2.75）	1.383^{***} （2.76）	1.401^{***} （2.91）
传统金融	-0.000 （-0.01）	0.006 （0.17）	-0.039 （-1.26）	0.020 （0.59）
人力资本	-0.069^{**} （-2.38）	-0.064^{**} （-2.17）	-0.098^{***} （-3.45）	-0.054^{*} （-1.81）
样本量	217	217	217	217
R^2	0.205	0.205	0.168	0.218

注：*、** 和 *** 分别表示在10%、5% 和1% 水平下显著，括号内为 t 统计值。控制变量包含省固定效应。

此外，通过控制变量的估计结果可发现，除对外开放和传统金融对创新均衡发展的影响不显著外，其余变量的估计系数大体上均通过了显著性检验。这可能是因为对外开放发展水平尚不充分，还未达到可以改变区域创新均衡发展的程度。同时也验证了传统金融缺乏一定的包容性和普惠性，难以对创新的均衡发展产生显著影响。而产业结构和政府支出对创新均衡发展的影响体现为显著的负向作用。人力资本显著促进了区域创新均衡发展，表明人力资本作为创新主体，能够为欠发达地区技术创新提供极大的人才支撑，注入源源不竭发展动力，从而在一定程度上促进了地区之间的创新均衡发展。

二、稳健性检验

基准回归结果表明，数字金融有利于促进区域创新均衡发展。为了检验回归结果的可靠性，对上述结果从如下两个方面展开稳健性检验：第一，考虑控制内生性的工具变量估计；第二，更换创新的度量指标以及创新均衡发展的测算方法。

（一）内生性问题的处理：工具变量估计

基准回归模型虽然通过引入解释变量的滞后一期来消除内生性问题，但是并不能完全抹除双向因果关系所导致的内生性影响，此外，模型中还可能存在因遗漏变量而导致的偏误问题。基于此，运用工具变量法对内生性问题进行处理，具体做法为，将全国分为东部、中部、西部三大片区，使用全国范围内除自身省域所归属片区以外的其他片区数字金融发展水平的平均值，作为该省份所在片区数字金融发展的工具变量（Ⅳ）。原因在于数字金融的发展存在显著的空间集聚性和关联性（郭峰等，2020），相邻片区数字金融的发展与本片区数字金融发展紧密相关，但相邻片区数字金融发展水平的均值不会对本片区数字金融产生影响，至少不会产生直接影响，因此该工具变量的选取满足相关性和外生性等基本要求。基于上述分析，工具变量回归估计结果如表6-3所示，其中列（1）至列（4）为第一阶段估计结果。

表6-3　稳健性检验：工具变量估计

	（1）	（2）	（3）	（4）	（5）	（6）	（7）	（8）
	数字金融	覆盖广度	使用深度	数字支持	泰尔指数	泰尔指数	泰尔指数	泰尔指数
工具变量	1.000*** （-128.74）	0.890*** （-50.14）	0.849*** （-16.83）	0.667*** （-16.8）	—	—	—	—
数字金融	—	—	—	—	-0.056*** （-3.57）	—	—	—
覆盖广度	—	—	—	—	—	-0.063*** （-3.57）	—	—
使用深度	—	—	—	—	—	—	-0.067*** （-3.43）	—
数字支持	—	—	—	—	—	—	—	-0.085*** （-3.59）
样本量	217	217	217	217	217	217	217	217
Wald-F统计量	16574.799	2513.857	283.117	282.271	—	—	—	—
R^2	0.998	0.986	0.890	0.935	—	—	—	—

注：*、** 和 *** 分别表示在10%、5% 和 1% 水平下显著，括号内为 t 统计值。控制变量包括产业结构、对外开放、政府支出、人力资本、传统金融以及省固定效应等。

由表6-3中列（1）至列（4）可知，工具变量的估计系数均为正，并通过了 1% 水平下的显著性检验。同时，弱工具变量检验也得以通过，表明该工具变量的设置是合理的。由表6-3中列（5）至列（8）可知，以泰尔指数为被解释变量时，核心解释变量的弹性系数均体现为负值，且在 1% 的水平下显著，即数字金融及子指标发展水平的提高可显著促进地区创新均衡发展。证明了基准回归结论的稳健性。

（二）替代因变量测算方法

为了检验基准回归结果的可靠性，本部分采用两种方式来度量区域

创新均衡发展程度：一是在人均发明专利申请量的基础上利用基尼系数
（Gini）来测度区域创新均衡发展程度；二是用人均专利申请总量来反映技
术创新水平，并在其基础上采用泰尔指数的方法来评估地区创新均衡发展。
估计结果如表 6-4 所示，其中列（1）至列（4）为第一种方式的回归结果，
列（5）至列（8）为第二种方式的估计结果。

表 6-4　稳健性检验：替换因变量计算方法

变量	（1）	（2）	（3）	（4）	（5）	（6）	（7）	（8）
	基尼系数	基尼系数	基尼系数	基尼系数	泰尔指数	泰尔指数	泰尔指数	泰尔指数
数字金融	−0.025*** （−3.66）	—	—	—	−0.033*** （−2.90）	—	—	—
覆盖广度	—	−0.027*** （−3.66）	—	—	—	−0.032** （−2.56）	—	—
使用深度	—	—	−0.013** （−2.00）	—	—	—	−0.018* （−1.67）	—
数字支持服务程度	—	—	—	−0.036*** （−4.47）	—	—	—	−0.039*** （−2.93）
样本量	217	217	217	217	217	217	217	217
R^2	0.216	0.217	0.177	0.243	0.161	0.152	0.135	0.162

注：*、** 和 *** 分别表示在 10%、5% 和 1% 水平下显著，括号内为 t 统计值。控制变量包括产业结构、对外开放、政府支出、人力资本、传统金融以及省固定效应等。

由表 6-4 可知，基尼系数作为被解释变量时，数字金融的估计系数
为 −0.025，且在 1% 的水平下显著，表示数字金融与地区创新均衡发展之间
存在正向相关关系。同样地，数字覆盖广度、数字使用深度以及数字支持
服务程度的弹性系数也都显著为负，意味着数字金融及三个子指标均对地

区创新均衡发展产生了积极效应。泰尔指数作为因变量时，数字金融及子维度的回归系数也都显著为负，说明数字金融能够助益地区创新的协调均衡发展。再次证明了基准回归结果具有一定的可靠性。

三、异质性分析

由于中国各地区的经济环境存在显著差异，数字金融发展对各地区创新发展的影响会因经济环境的差异而有所不同。因此，本部分从东部和中西部差异、不同分位点等角度考察数字金融的异质性影响。

（一）东部和中西部差异

上述分析阐明了数字金融与创新均衡发展之间的关系，但是考虑到我国东部和中西部地区经济环境的诸多差异，可能导致各区域数字金融发展水平不尽相同，进而可能对创新均衡发展产生不一致的影响效果。基于此，将研究样本分为东部和中西部地区，并以泰尔指数和基尼系数分别作为被解释变量，来详细探究数字金融对创新均衡发展影响效应的异质性。估计结果如表6-5所示，由表中列（1）和列（2）可知，东部地区数字金融的估计系数在1%的水平下显著，其值为-0.058，即数字金融对东部地区创新均衡发展起到了显著的促进作用。但是对中西部地区而言，数字金融的估计系数未通过显著性检验，且其数值为-0.033。显然，数字金融对东部地区创新均衡发展的影响效应大于中西部地区。在基尼系数作为被解释变量时，东部和中西部地区数字金融的弹性系数依次为-0.025和-0.016，且只有东部地区数字金融的系数通过了显著性检验，说明与中西部地区相较于东部地区数字金融的影响程度相对更大，也更显著。上述现象的原因可能是，我国金融资源主要集中在珠三角、长三角和环渤海地区（张辉等，2016），因而与中西部地区相比，东部地区金融发展相对更加发达，数字技术也相对更加先进，互联网普及率更加广泛，更易形成规模效应，进而对创新均衡发展的影响效果更为强烈。并且中西部一些农村地区还存在较严重的金融排斥（粟芳和方蕾，2016），这在一定程度上阻碍了中西部地区数字金融的发展和其普惠效应的发挥。此外，在基尼系数作为被解释变量时，本章得到的核心结论基本保持不变，因此下文分析中便不再报告以基尼系数作为因变量的相关估计结果。

表6-5　数字金融与创新均衡发展：东部地区与中西部地区差异

	（1）	（2）	（3）	（4）
	Theil	Theil	Gini	Gini
区域	东部地区	中西部地区	东部地区	中西部地区
数字金融	−0.058*** （−2.97）	−0.033 （−1.38）	−0.025*** （−2.79）	−0.016 （−1.50）
样本量	84	133	84	133

注：*、** 和 *** 分别表示在10%、5% 和 1% 水平下显著，括号内为 t 统计值。控制变量包括产业结构、对外开放、政府支出、人力资本、传统金融以及省固定效应等。

（二）数字金融影响创新均衡发展的地区异质性：分位数回归

为了进一步评估数字金融影响创新均衡发展的地区异质性，本章基于分位数回归方法探究不同分位点下，数字金融对创新均衡发展影响效果的变化。数字金融估计系数的变化趋势如图6-1所示。鉴于数字金融的估计系数均为负值，因此为了更清晰明了地判断弹性系数的变化趋势，将回归结果中数字金融弹性系数的绝对值作为纵坐标，各分位点数作为横坐标。

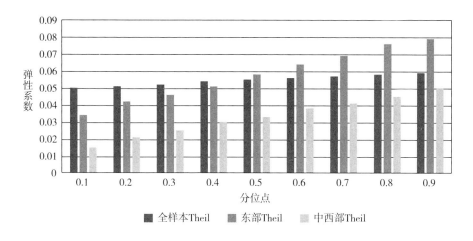

图6-1　数字金融与创新均衡发展：分位数估计

首先，纵向来看，随着分位点由0.1上升至0.9，全样本范围下数字金融弹性系数的绝对值从0.050波动到0.059，东部地区由0.034上升至0.079，中西部地区相应数值从0.015增加至0.050。显然，无论是从全样本视角切入，还是分区域审视，数字金融对创新均衡发展的影响效应都随着分位点数的上升而增强，也就是说，省份内部各城市间创新差异程度越大，数字金融对其所产生的普惠效应越强烈。其次，横向来看，无论分位点数处于何值，东部地区弹性系数的绝对值都明显高于中西部地区，意味着数字金融对东部地区创新均衡发展的影响程度显著高于中西部地区，恰与前文地区异质性结论相一致。此外，我们可以发现，随着分位点数的逐步增加，全样本下数字金融系数的变动幅度不太明显，东部地区数字金融系数的绝对值逐渐超过全样本范围下的相应数值，而中西部地区柱状图却始终位于全样本之下，这意味着中西部地区在一定程度上减弱了全国范围下数字金融普惠效应的发挥。因此，必须高度重视中西部等欠发达地区，把推动中西部数字金融的深入发展提上日程。

四、影响机制探索

根据前文分析可知，数字金融能够促进区域创新均衡发展，并且对东部地区的影响效应相对更显著。这背后的影响机制是怎样的呢？本章试图从信息基础设施的角度对数字金融影响创新均衡发展的传导机制进行探索。信息基础设施的发展会在一定程度上降低金融机构监管成本和获取信息成本等，有利于金融机构与客户间高效的信息交流，更易带来信息不对称等问题，改善金融机构对居民和企业金融服务不足的问题。而数字金融的发展推动了信息基础设施和传统金融的有效结合，基础设施越完善，越有利于数字金融普惠效应的发挥，从而对创新均衡发展的促进作用也就越显著，即数字金融能够通过提高信息基础设施创新效应的边际影响进而间接地缓解区域创新的均衡发展。基于此，本章选取移动电话普及率（Phone）来表征信息基础设施水平，并通过在基准模型中引入数字金融与移动电话普及率的交互项来识别这一机制。估计结果如表6-6所示。

表6-6 数字金融与区域创新均衡发展：信息基础设施的传导机制

	（1）	（2）	（3）	（4）	（5）
	泰尔指数	泰尔指数	泰尔指数	泰尔指数	泰尔指数
信息基础设施	−0.084 （−0.85）	0.246* （1.93）	0.270** （2.09）	−0.001 （−0.01）	0.019 （0.17）
数字金融	—	0.012 （0.28）	—	—	—
覆盖广度	—	—	0.003 （0.08）	—	—
使用深度	—	—	—	0.015 （0.31）	—
数字支持	—	—	—	—	0.021 （0.44）

续表

	（1）	（2）	（3）	（4）	（5）
	泰尔指数	泰尔指数	泰尔指数	泰尔指数	泰尔指数
数字金融 × 基础设施	—	−0.123*** （−2.68）	—	—	—
覆盖广度 × 基础设施	—	—	−0.127*** （−2.74）	—	—
使用深度 × 基础设施	—	—	—	−0.047 （−1.06）	—
数字支持 × 基础设施	—	—	—	—	−0.114** （−2.34）
样本量	217	217	217	217	217
R^2	0.155	0.253	0.255	0.174	0.244

注：*、** 和 *** 分别表示在10%、5% 和 1% 水平下显著，括号内为 t 统计值。控制变量包括产业结构、对外开放、政府支出、人力资本、传统金融以及省固定效应等。

由表 6-6 可知，在信息基础设施作为核心解释变量时，其估计系数为负，但是未通过显著性检验，表明信息基础设施与创新均衡发展之间存在正向关系，但是这种关系并不显著。而当数字金融与信息基础设施交互项引入模型后，交乘项的估计系数为 −0.123，并通过了显著性检验，这表明数字金融的发展有效推动了信息基础设施创新效应的发挥，相对于信息基础设施较差的地区而言，数字金融对基础设施建设较好地区的创新均衡发展的促进作用相对更大。即信息基础设施越完善，越便于为居民和企业提供高效的金融服务，会更有助于数字金融普惠效应的发挥，从而对区域创新均衡发展的影响程度也就越大，最终在更大程度上推动区域科技创新的均衡发展。进一步地，在分维度考察数字金融影响效应时，也可以得到相似的结论：数字覆盖广度、数字使用深度以及数字支持服务程度与基础设施的交乘项均体现为负值，更加验证了数字金融对创新均衡发展的作用程度受信息基础设施的影响，证明信息基础设施是数字金融影响区域创新均衡发展的重要机制。同时，上述结论也恰好解释了地区异质性的结果，即我国东部地区得益于较健全的互联网等信息基础设施建设，相对于中西部地区而言，其数字金融的普惠效应相对更大，更有利于促进区域创新的均衡发展。

第五节　进一步分析：数字金融对省间创新均衡发展的影响

通过上述分析可知，数字金融对区域创新均衡发展起到了显著的促进作用，但是前文创新均衡发展是以地级市创新水平为依据来构建的，所描绘的是省份内部各地区之间的创新均衡发展。而数字金融与省份之间创新均衡发展的关系又是怎样的呢？基于此，本节拟对数字金融与省份之间创新均衡发展的关系展开论述，以便能够更加全面客观地识别数字金融对创新均衡发展的影响效应。本节构建β收敛模型进行实证分析，所建立模型如下所示：

$$\Delta \ln Inno_{it} = \theta_1 \ln Inno_{it-1} + \theta_2 Dif_{it-1} + \theta_3 \ln Inno_{it-1} \times Dif_{it-1} + \mu_t + v_{it} \qquad (6-3)$$

其中，因变量 $\Delta \ln Inno_{it}$ 表示地区 i 在时期 t 的人均发明专利申请量的增长率；$Inno_{it-1}$ 表示人均发明专利申请量，反映了区域技术创新水平；Dif_{it-1} 表示数字金融指数，μ_t 表示时间固定效应。根据弹性系数 θ_1 可以判断地区之间技术创新的收敛性。若 θ_1 显著为负，说明地区之间的技术创新存在一定收敛性，即人均发明专利申请量的区域差异在缩小；反之则在扩大。根据交互项的系数 θ_3 可以检验数字金融影响地区间技术创新收敛性的效果。

若 θ_3 显著为负，说明数字金融能够加速地区之间创新的收敛，即能够促进地区间创新均衡发展。估计结果如表6-7所示。其中，表6-7中列（1）和列（2）是以省份面板数据为样本，列（3）至列（5）的研究样本为地级市面板数据。

表6-7　数字金融对创新均衡发展的影响：省间与省内差异

	（1）	（2）	（3）	（4）	（5）
	技术创新增长率	技术创新增长率	技术创新增长率	技术创新增长率	技术创新增长率
技术创新	−0.032** （−2.52）	−0.058*** （−2.63）	−0.043*** （−7.45）	−0.107*** （−10.95）	−0.212*** （−17.59）
数字金融	—	0.140 （1.53）	—	0.404*** （8.27）	0.801*** （13.20）
技术创新	—	−0.017 （−1.30）	—	−0.004 （−0.61）	−0.018*** （−2.91）
省固定效应	无	无	无	无	控制
样本量	217	217	2313	2309	2308

注：*、** 和 *** 分别表示在10%、5% 和 1% 水平下显著，括号内为t统计值。控制变量包括年固定效应。

由表6-7可知，无论以省际数据为研究对象，还是以地级市面板数据为样本，技术创新的估计系数均为负值，且都通过了显著性检验，意味着全国范围内技术创新存在一定的收敛性，即人均发明专利申请量的区域差异在逐步缩小。观察列（2）和列（4），未控制省份固定效应时，技术创新与数字金融交互项的系数为负值，但是均未通过显著性检验，表示数字金融对省份之间创新均衡发展的影响不显著。由表6-7中列（5）可知，在控制省份固定效应的前提下，乘积项的系数则表现为显著的负值，表征数字金融对省份内部创新均衡发展起到了显著促进的作用，这同基准回归结果相一致。以上现象的原因可能是因为，与省份内部各地区相比，各省份之间经济环境和创新水平相差较大，技术创新发展相对更加参差不齐，创新差异也就相对更加显著，容易导致数字金融对创新均衡发展的影响"微小甚微"，甚至不明显。而在创新均衡发展程度相对较大的省内地区中，数字金融更易实现其普惠效应，仅对省份内部各地区技术创新产生微弱影响便可以产生较大的整体差异。因而对省份内部各城市来说，数字金融扮演更多的是"雪中送炭"的角色，进而呈现对创新均衡发展显著的作用效果。而对于省份之间各地区来说，技术创新和数字金融发展水平差异相对更大，数字金融需要发挥出极大的普惠效应才可在一定程度上对创新均衡发展产生影响。并且省份间创新均衡发展的影响因素相对更复杂，其不仅受限于数字金融水平，还可能受到地理位置、政策环境以及经济发展等诸多要素的叠加作用。

第六节 数字金融影响区域创新均衡发展的微观基础

前文已从宏观层面论证了数字金融与地区创新均衡发展之间的关系，那么这种宏观表现能否得到微观层面的支持呢？本章利用企业层面数据对其加以验证。本节所使用的是沪深两市 A 股上市公司数据，时间跨度为2011~2018 年，数据主要来源于 Wind 数据库，且剔除金融行业样本，最终获得 9286 个样本。基于上述宏观分析，构建以下实证模型：

$$\ln \text{Inno}_{it} = \gamma_1 \text{Dif}_{it\text{-}1} + \gamma_2 X_{it\text{-}1} + \sum \text{Company} + \varepsilon_{it\text{-}1} \tag{6-4}$$

其中，$Inno_{it}$ 为人均发明专利申请数，用企业发明专利申请数与员工数的比值来表示；Dif_{it-1} 表示数字金融指数；X_{it-1} 表示控制变量，主要包含：①企业所有权（Soe）。若该上市公司为国有企业，记为 1；反之记为 0。②企业规模（Size）。用上市公司年末总资产的对数来表示。③托宾 Q（Tobin）：用上市公司市值与总资产的比值来衡量。④财务杠杆（Lev）：用总负债与总资产之比来测度。⑤融资约束（Cash）：用经营性现金流占总资产的比重来反映。⑥传统金融（Fd）：用地区金融机构存贷款总额与 GDP之比来测量。⑦企业员工数（Worker）。此外，还控制了企业固定效应，并将所有控制变量以滞后一期的形式引入模型中。

为了探究不同创新水平下数字金融影响效应的变化趋势，以为数字金融与创新均衡发展关系提供充足的微观证据，本部分以模型（6-3）为基础采用分位数回归方法来进一步探析。数字金融变量的估计系数如表 6-8所示。

表 6-8　数字金融与创新均衡发展：微观估计

分位点	（1）	（2）	（3）
	0.25	0.50	0.75
全样本	0.175*** （6.05）	0.133*** （7.09）	0.098*** （4.15）
东部地区	0.177*** （5.67）	0.133*** （6.26）	0.098*** （3.50）
中西部地区	0.177*** （3.16）	0.129*** （3.32）	0.087* （1.69）

注：*、** 和 *** 分别表示在 10%、5% 和 1% 水平下显著，括号内为 t 统计值。控制变量包括企业所有权、企业规模、托宾 Q、财务杠杆、融资约束、传统金融、企业员工数以及企业固定效应等。全样本、东部以及中西部地区的样本量分别为 9286、6757、2529。

首先，从全样本的角度来看，无论技术创新处于何种分位点上，数字金融（Dif）的估计系数均显著为正，表征数字金融对企业技术创新体现了正向的推动作用。详细来看，随着分位点由 0.25 上升至 0.75，数字金融的估计系数相应地由 0.175 下降至 0.098，下降幅度为 0.077，其含义为随着企业技术创新水平的提升，数字金融的影响程度逐渐减小，暗示着数字金融的大力发展，不仅有利于企业技术创新水平的提高，还有利于促进企业间的创新均衡发展。这也是数字金融促进区域创新均衡发展的微观基础。

其次，分地区观察，无论对于东部地区还是中西部地区来说，随着分位点数的上升，数字金融对技术创新的影响效应也呈现出明显下降的走势。这意味着对于各个地区而言，数字金融对创新均衡发展也起到了显著促进的作用，再次验证了宏观分析结论的可靠性。但是，比较东部地区和中西部地区的估计结果，在不同分位点上，东部地区和中西部地区数字金融的估计系数相差不大，这表明数字金融对创新均衡发展的影响主要集中于东部地区和中西部地区内部，而对各地区之间的影响不太显著，同前文研究结论相统一。同时，上述结论也在一定程度上解释了前文所指出的数字金融未对省份之间均衡发展产生显著影响的原因，即因数字金融对东部地区和中西部地区企业创新的影响差异不明显所导致，这为前文宏观分析提供了很好的微观证据。

第七节　本章小结

我国数字金融的发展对创新型国家建设和区域平衡发展的推进具有重要意义，这便使甄别数字金融发展对创新均衡发展的影响成为一个重要问题。本章基于地级市的人均发明专利申请数测算了地级市间的创新均衡发展程度，首次从省间和省内综合考察了数字金融对创新均衡发展的影响，探索了数字金融影响创新均衡发展的传导机制。此外，与以往研究不同，本章首次将省、市与微观上市公司数据相结合，综合探索数字金融影响创新均衡发展的宏观效应和微观基础，为从创新均衡发展角度看待数字金融的影响提供了新的研究视角。

本章得到的主要结论如下：

第一，数字金融对区域创新均衡发展起到了显著的促进作用，且数字覆盖广度、数字使用深度以及数字支持服务程度也都有利于促进地区创新均衡发展，并通过工具变量和替代变量两种方法验证了基准回归结果的稳健性。

第二，异质性检验结果表明，数字金融对创新均衡发展的影响在各地区之间存在显著差异，即数字金融对东部地区创新均衡发展的影响效应相对较大，对中西部地域的影响较弱。并且随着分位点的提高，数字金融对创新均衡发展的影响效果逐渐增强。

第三，通过影响机制检验发现，对于信息基础设施相对较完善的地域而言，数字金融的创新效应更强烈，即数字金融的发展推动了信息基础设施和传统金融的有效结合，基础设施越完善，越有利于数字金融普惠效应的发挥，从而对创新均衡发展的促进作用也就越显著，也就是说，数字金融能够提高信息基础设施创新效应的边际影响进而来促进区域创新均衡发展。

第四，与数字金融对省内创新均衡发展影响效应所不同的是，数字金融对省份之间创新均衡发展的影响效果不明显。即数字金融的普惠效应具有一定的地区差异性。对区域差异相对较小的省内区域来说，数字金融起到了"雪中送炭"的作用，可显著促进省内各城市创新均衡发展程度。而对于各省份之间来说，其创新水平差距较大，导致数字金融对省份之间创新均衡发展影响的不显著。

第五，微观结果显示，数字金融对企业技术创新产生了显著推动作用，同时随着技术创新水平的提高，数字金融的影响效应逐步减弱。这表示数字金融能够促进企业间的创新的均衡发展，这也是数字金融促进区域创新均衡发展的微观基础。同时分地区观察可知，数字金融的创新效应在东部地区和中西部地区之间的差异不太明显，进而导致数字金融对省份之间创新均衡发展的影响不显著，这为前文宏观分析提供了一定的微观证据。

第七章　结论

　　全球因人工智能、大数据、区块链、云计算等数字技术带来深刻变革，我国也进入新发展阶段的背景下，数字技术为促进包容性收入增长乃至共同富裕提供了哪些新机遇、又带来了哪些新挑战，是值得探究的重要问题。本书首先结合北京大学数字普惠金融指数与国家、省、市、县以及微观层面的研究数据，多角度考察数字普惠金融对包容性增长的影响。其次基于创新、创业、教育等角度讨论了数字普惠金融影响包容性增长的影响机制。最后本书为如何推动数字金融发展，以更好地促进包容性增长乃至共同富裕提出相关政策建议。

　　第一章结合北京大学数字普惠金融指数、省市级宏观数据、灯光数据和上市公司数据，从省、市、县三个层面考察数字普惠金融与区域间包容性增长之间的关系，并探索数字普惠金融影响区域包容性增长的传导机制。第二章尝试采用多维数据从国内与国外、宏观与微观、直接与间接等多个视角综合考察数字金融对包容性增长的影响。本章从宏观层面的国内外两大视角出发检验数字金融与包容性增长之间的关系及其影响机制，之后以中国上市公司数据为样本，为数字金融存在的影响高收入群体间包容性增长的效果进行了检验。第三章基于2007~2018年的制造业上市公司数据，采用 RIF 回归方法，通过企业内部包容性增长和企业间包容性增长两个角度考察创新对包容性增长的影响及其影响机制。第四章基于 2016 年 1 月至 2020 年 12 月国家市场监督管理总局的工商注册数据，考察创业活跃度的区域差异，基于核密度估计和泰尔指数分解方法研究创业活跃的动态演变。然后基于国家市场监督管理总局的工商注册信息数据，考察数字金融发展对城市创业活跃度的影响及其在不同类别城市间的差异，基于优势分析方法考察数字金融促进创业活跃度的相对重要性。第五章基于 A 股上市公司的非平衡面板数据，考察数字化对企业绩效的影响及企业异质性，从企业外部融资约束环境和内部经营管理效率两个角度检验数字化对企业绩效的影响机制，最后实证考察数字化在行业内和城市内对企业绩效的溢出效应。第六章结合北京大学数字普惠金融指数、省市级宏观数据和上市公司等多维度数据，基于泰尔指数、基尼系数和阿特金森指数测度了区域创新均衡发展状况，多方位考察了数字金融指数及数字覆盖范围、使用深度、支持服务程度与区域创新均衡发展之间的关系，并探索了数字金融影响区域创新均衡发展的传导机制和微观基础。研究结论如下：

第一，通过将度量经济区域差异的人均实际 GDP 泰尔指数对数字普惠金融指数及其他控制变量回归，研究发现数字普惠金融的发展不仅显著促进了省内包容性增长，还可以促进市间和市内包容性增长；差异性分析显示这一效果在非直辖市和南方地区更大。进一步的传导机制分析表明，创新和产业转型升级是数字普惠金融影响区域间包容性增长的主要机制。进一步的分析显示，数字金融能够更大程度上促进中小企业的人均产出，为数字金融影响区域包容性增长提供了微观证据。

第二，从国家内部来看，数字金融整体促进了包容性增长，但数字金融与包容性增长间存在潜在倒"U"型关系，创新是上述潜在倒"U"型关系的重要解释，这与以往学者证实的简单线性关系不同。从国家间来看，数字金融并不利于国家之间的包容性增长，并且这种拉大趋势在高收入国家中更加明显。数字金融不利于高收入群体间的包容性增长，这一观点同时受到宏观和微观两个层面的实证支持。

第三，创新对企业内部的包容性增长和企业间管理层的包容性增长均产生了不利影响，但创新主要是提高了部分最高收入管理层的薪酬水平。创新促进了企业间员工收入的包容性增长，但效果不明显。创新通过"生产率效应"更大程度上提高了高收入管理层的收入水平，但通过"替代效应"促进了包容性增长。此外，国有企业与非国有企业的创新影响包容性增长的效果基本类似，但在东部与中西部地区之间存在一定差异。

第四，东部沿海、北部沿海、南部沿海处于第一档次，创业活跃度远高于其他五大地带，长江中游、黄河中游和西南地区处于第二档次，其他地带最低。创业的区域差异整体在缩小，但主要城市与其他城市间长期存在较大区域差异，八大地带间的区域差距也未缩小。主要城市与其他城市间的差异大于内部，八大地带内部差异在缩小但仍大于八大地带间。数字金融发展显著促进了城市创业活跃度的提高，该结论在采用工具变量法进行估计后依然成立。异质性检验发现，数字金融发展并未促进主要城市与其他城市、发达地带与其他地带之间的创业均衡发展。分位数结果显示，数字金融总体促进了城市间创业的均衡发展，数字金融缩小了主要城市、其他城市、发达地带、其他地带各类别城市内部创业的区域差异。优势分析结果发现，数字金融对城市创业活跃度的贡献率达到了将近20%，显著高于其余解释变量，说明相对传统金融、交通基础设施、财政支出和产业结构而言，发展数字金融是更加有效促进创业的驱动力。

第五，数字化转型显著促进了企业绩效的提高。异质性检验发现，数字化对小规模企业、北方地区、国有企业和数字化水平高的行业绩效的促进作用更大。机制检验结果发现，数字化转型能够同时缓解企业的外部融资约束环境和提高企业内部的经营管理效率。对数字化溢出效应的检验结果表明，企业所处行业和城市的数字化水平均会对其绩效产生一定的正向溢出效应，在不同类别企业间也存在较大差异。并且企业自身数字化、行业和城市溢出效应均会降低企业所面临的融资约束从而促进企业绩效，而在内部经营管理效率方面，只有企业自身数字化水平起到了显著的促进作用，行业和城市溢出效应不显著。

第六，数字金融的发展有利于促进省内各地级市间的创新均衡发展，并且数字金融的普惠效应在东部地区和省份内部创新差异程度较小的地区更为强烈。进一步的传导机制分析表明，数字金融能够促进传统金融与信息基础设施的有效结合，提高信息基础设施对区域创新均衡发展的边际影响。但值得注意的是，数字金融并不能显著推动省份之间创新的均衡发展。此外，微观结果表明，数字金融能够促进企业间创新均衡发展，但是不利于东部地区和中西部地区之间创新均衡发展。

上述研究结论的政策含义如下：

第一，首先，从区域包容性增长角度来看，促进区域间包容性增长应考虑加大对数字金融的投入力度。发展数字金融总体上可以兼顾"效率"和"公平"。因此，在以数字技术驱动的第四次工业革命浪潮中，要避免因为发现新业态带来新问题而因噎废食，错失推动数字金融助力经济增长的良机。其次，利用大数据和监管科技等提升监管水平，让数字金融促进创新和转型升级的机制可以畅通运行。数字技术与金融的结合催生了新业态，也带来了新风险，相应带来了"严监管扼杀创新、松监管引发风险"的两难境地。数字金融促进区域平衡的主要途径是促进创新和推动转型升级，这表明创新驱动仍是缩小省内不平衡的主导力量，为此，监管过程要避免"一刀切"，通过提升监管水平，让创新持续性发挥作用。最后，促进区域包容性增长要加大对欠发达地区的数字金融投入。数字金融促进区域包容性增长的作用主要是在省内，但在南方和北方之间、直辖市和非直辖市之间，不可忽视区域差异拉大的可能。由于数字金融对处于欠发达地区的上市公司等可以发挥更大的促进包容性增长的作用，将数字金融相关的创新向欠发达地区推广，加强各省之间的协作，可以发挥数字金融可以助力的供应链、产业链的作用，从而让数字金融更大发挥促进区域包容性增长的作用。

第二，首先，客观评估与利用数字金融的普惠性，拓宽中低收入群体收入增长的有效途径。在此过程中，既不能盲目夸大数字金融的效果，也不宜因噎废食否定数字金融的作用。其次，考虑到数字金融在不同收入群体中对收入变动的作用机制不同（在低收入群体中的作用机制主要是数字金融的"金融"属性，在高收入群体中的作用机制主要数字金融的"数字化"属性），政府一方面应该在加快推进数字化发展的同时尽快完善相关制度的设计与执行，致力于共同富裕仍需在收入分配格局等方面做进一步细致的安排与调整；另一方面应该致力于提高数字金融的向下渗入，即提高数字金融的普及率，尤其是在低收入群体中的普及率。最后，鉴于创新是数字金融促进高收入群体收入的一个重要因素，政府应该将创新问题纳入到数字金融与收入差距的关系分析中，最终通过合理规划、全面统筹形成创新驱动、数字金融、共同富裕三大战略的高效联动。

第三，首先，从创新影响包容性增长的角度来看，创新显著促进了高技能劳动力和低技能劳动力的相关收入，因此应继续推动创新驱动战略的实施，但创新对高收入群体的收入有更显著的促进作用，为了促进包容性增长，针对企业内部应该考虑更多的再分配政策，针对低技能劳动力适当降低个人税收，鼓励企业加大对低技能劳动力的相关培训。其次，即使是高技能劳动力之间的收入也会由于创新而变得发散，虽然在高技能劳动力之间，创新拉大的只是收入最高的少部分群体，但创新对那少部分高技能劳动力收入的边际影响是较大的。因此也应该考虑更多的针对富有群体的相关再分配政策，鼓励企业家投身公益事业。最后，创新通过"生产率效应"和"替代效应"两个渠道显著影响了包容性增长，政府应继续加大科学教育等支出，提高劳动力的技能水平，不仅能够抑制"生产率效应"带来的不利影响，也能够通过"替代效应"进一步促进包容性增长。

第四，从促进创业发展角度来看，首先，由于主要城市集中了大多数的经济资源优势，政府政策也会在主要城市有所倾斜，在带动其他城市和周边地区发展方面发挥着不可忽视的作用。但也可能由于"虹吸效应"的存在，主要城市与其他城市间的创业活跃度长期存在较大区域差异，并且主要城市与其他城市间的差异程度大于主要城市与其他城市内部差异。因此，防止资源过度集中在主要城市，推动资源向其他城市流动，加大其他城市的创业支持力度，是当下"稳增长、保就业"和促进共同富裕的途径之一。其次，虽然区域创业正在呈现均衡发展，但八大经济地带之间的区域差异并未表现出缩小趋势。每个经济区基于自己的比较优势，发展自己的产业和经济，但八大地带所处地理位置和享有的资源优势不同。如福建、广东、海南三省份组成的南部沿海经济区，紧邻港澳台，具有明显资源优势，八大经济地带之间似乎缺乏紧密的联系。因此，应继续推进西部大开发、振兴东北老工业基地、促进中部崛起等，发挥各个地区的比较优势，加强八大经济区之间的合作、互助、扶持，助力区域之间相互促进、优势互补、共同发展。

第五，发挥数字金融促进创业的积极效果。首先，促进城市创业活跃度的提高应考虑加大对数字金融的投入力度。发展数字金融总体上可以兼顾"效率"和"公平"。因此，在第四次工业革命浪潮中，要避免因为发现新业态带来新问题而因噎废食，错失推动数字金融助力推动创业，带动就业和经济增长以及促进共同富裕的良机。其次，对创业活跃度解释率最高的变量是数字金融，贡献率达到了约20%。将数字金融相关的创新向欠发达地区推广，加强各省之间的协作，让数字金融更大发挥释放市场潜力的作用。最后，由于主要城市和经济发达地带集中了大多数的经济资源优势，在带动周边地区发展方面发挥了重要作用。但也可能由于"虹吸效应"的存在，数字金融发展并未有效促进主要城市与其他城市、发达地带与其他地带间的创业均衡发展。因此，防止资源过度集中在主要城市和发达地带，推动资源向其他城市流动，加大其他城市和其他地带的创业支持力度，是当下"稳增长、保就业"和促进共同富裕的途径之一。

第六，在企业数字化转型方面，首先，数字化转型显著推动了企业绩效的提高，因此推动我国企业的数字化转型发展，是促进实体经济高质量发展的重要方向。其次，数字化对小规模企业和北方地区企业绩效的促进作用更大，推动数字化转型不仅可以促进生产效率的提高，同时也有助于推动中小企业发展，推动区域经济均衡发展。数字化对国有企业和数字化水平高的行业促进作用更大，因此推动国有企业和数字化程度较高行业的数字化转型可以更加有效地促进实体经济高质量发展，但同时也应注意推动非国有企业和数字化程度较低行业的数字化转型。最后，所处行业和城市的数字化水平均会对企业绩效产生正向溢出效应，因此推动实体经济高质量发展，除鼓励微观企业数字化转型外，推动数字化的相关产业和区域发展政策，推动行业和区域数字化水平的提高，强化数字技术的溢出效应，也是推动经济高质量发展的重要思路。

第七，在促进区域创新均衡发展方面，首先，提高数字金融重视度，进一步深化数字普惠金融发展。各级政府要积极鼓励引导数字等先进技术与金融业务的深度融合，倡导传统金融机构进行科技创新，健全金融监管体系，完善数字金融顶层设计，加强数字金融的覆盖广度和使用深度，强化数字金融服务能力，充分利用数字金融在缓解区域创新均衡发展中的"数字红利"作用。同时要加大数字金融的人才培养力度，努力打造一批既懂新兴技术又了解金融行业的复合型人才，以为数字金融的长远发展注入强劲动力。其次，制定差异化的数字金融发展政策，助力数字金融普惠效应发挥至最大化。通过前文分析发现，数字金融对创新均衡发展的影响具有一定的异质性，因此，各地方政府要因地制宜，强调数字金融相关政策的靶向性，实施差异化动态化的金融发展策略。对于东部等较发达地区来说，要继续强化数字金融的创新效应，进一步完善数字金融功能，加快发展各类型的数字金融服务形态和数字金融机构，打造多层次的数字金融市场，借鉴国际金融科技发展的先进经验，不断加强国际交流互动与合作，推动数字普惠金融的高质量发展。对欠发达地区而言，要加强信息基础设施建设，利用 5G、大数据以及人工智能等新兴技术拓展金融服务半径，引导优质金融资源向欠发达地区和偏远地区倾斜，推动金融资源配置的均等化，激发数字金融普惠效应的发挥。最后，做强落后省份的创新能力和金融素养，改善数字金融与省份间创新均衡发展的关系。各级政府要加大对落后欠发达地区的扶持力度，多管齐下，提高金融知识普及率，增强居民的金融能力和金融素养，以便使其更好地享受和使用金融服务和产品，进一步强化欠发达地区的光纤建设和网络覆盖，努力缓解数字化所产生的"自我排斥"等问题。同时，还要加大欠发达地区师资队伍建设力度，鼓励人才下乡，打通各种人才下乡渠道，支持大学生和企业家等优秀人才到乡村创业创新，推动更多科技创新成果应用至乡村等地区，不断提升其创新力。

参考文献

［1］安同良，杨晨.互联网重塑中国经济地理格局：微观机制与宏观效应［J］.经济研究，2020（2）：4-19.

［2］陈宇峰，贵斌威，陈启清.技术偏向与中国劳动收入份额的再考察［J］.经济研究，2013（6）：113-126.

［3］陈斌开，杨依山，许伟.中国城镇居民劳动收入差距演变及其原因：1990-2005［J］.经济研究，2009（12）：30-42.

［4］陈银娥，李鑫，李汶.中国省域科技创新效率的影响因素及时空异质性分析［J］.中国软科学，2021（4）：137-149.

［5］戴觅，茅锐.产业异质性、产业结构与中国省际经济收敛［J］.管理世界，2015（6）：34-46.

［6］邓仲良，张可云.中国经济增长的空间分异为何存在？——一个空间经济学的解释［J］.经济研究，2020（4）：20-36.

［7］杜传忠，张远."新基建"背景下数字金融的区域创新效应［J］.财经科学，2020（5）：30-42.

［8］冯伟，李嘉佳.企业家精神与产业升级：基于经济增长原动力的视角［J］.外国经济与管理，2019（6）：29-42.

［9］巩鑫，唐文琳.数字金融、空间溢出与大众创业［J］.统计与信息

论坛，2021（5）：71-81.

［10］郭吉涛，梁爽.数字经济对中国全要素生产率的影响机理：提升效应还是抑制效果？［J］.南方经济，2021（10）：9-27.

［11］郭峰，王靖一，王芳，孔涛，张勋，程志云.测度中国数字普惠金融发展：指数编制与空间特征［J］.经济学（季刊），2020（4）：1401-1418.

［12］郭庆旺，贾俊雪.中国全要素生产率的估算：1979—2004［J］.经济研究，2005（6）：51-60.

［13］韩先锋，惠宁，宋文飞.信息化能提高中国工业部门技术创新效率吗［J］.中国工业经济，2014（12）：70-82.

［14］何婧，李庆海.数字金融使用与农户创业行为［J］.中国农村经济，2019（1）：112-126.

［15］黄浩.数字金融生态系统的形成与挑战——来自中国的经验［J］.经济学家，2018（4）：80-85.

［16］黄益平.互联网金融解决了普惠金融的痛点［J］.企业观察家，2016（5）：49-51.

［17］贾俊生，刘玉婷.数字金融、高管背景与企业创新——来自中小板和创业板上市公司的经验证据［J］.财贸研究，2021（2）：65-76.

［18］孔东民，徐茗丽，孔高文.企业内部薪酬差距与创新［J］.经济研究，2017（10）：144-157.

［19］李建军，彭俞超，马思超.普惠金融与中国经济发展：多维度内涵与实证分析［J］.经济研究，2020（4）：37-52.

［20］李晓龙，冉光和.中国金融抑制、资本扭曲与技术创新效率［J］.经济科学，2018（2）：60-74.

［21］李彦龙.创新与收入不平等［J］.劳动经济研究，2020，8（5）：117-144.

［22］黎文靖，胡玉明.国企内部薪酬差距激励了谁？［J］.经济研究，2012（12）：125-136.

［23］梁婧，张庆华，龚六堂.城市规模与劳动生产率：中国城市规模是否过小？［J］.经济学（季刊），2015（3）：1053-1072.

［24］梁榜，张建华.数字普惠金融发展能激励创新吗？——来自中国城市和中小企业的证据［J］.当代经济科学，2019（5）：74-86.

［25］林毅夫，沈艳，孙昂.中国政府消费券政策的经济效应［J］.经济研究，2020（7）：4-20.

［26］林毅夫，蔡昉，李周.中国经济转型时期的地区差距分析［J］.经济研究，1998（6）：5-12.

［27］刘佳鑫，李莎."双循环"背景下数字金融发展与区域创新水平提升［J］.经济问题，2021（6）：24-32.

［28］刘莉亚，金正轩，何彦林，朱小能，李明辉.生产效率驱动的并购——基于中国上市公司微观层面数据的实证研究［J］.经济学（季刊），2018（4）：1329-1360.

［29］倪鹏飞，刘伟，黄斯赫.证券市场、资本空间配置与区域经济协调发展［J］.经济研究，2014（5）：121-132.

［30］清华大学中国经济社会数据研究中心.清华大学中国平衡发展指数报告（2019年）［R］.2020.

［31］邱子迅，周亚虹.数字经济发展与地区全要素生产率［J］.财经研究，2021（7）：4-17.

［32］邱晗，黄益平，纪洋.金融科技对传统银行行为的影响［J］.金融

研究，2018（11）：17–29.

［33］沈坤荣，马俊.中国经济增长的"俱乐部收敛"特征及其成因研究［J］.经济研究，2002（1）：33–39.

［34］宋敏，周鹏，司海涛.金融科技与企业全要素生产率［J］.中国工业经济，2021（4）：138–155.

［35］宋晓玲.数字普惠金融缩小城乡收入差距的实证检验［J］.财经科学，2017（6）：14–25.

［36］粟芳，方蕾.中国农村金融排斥的区域差异［J］.管理世界，2016（9）：70–83.

［37］孙久文，高宇杰.文化多样性与城市创业活力［J］.中国软科学，2022（6）：85–95.

［38］孙早，徐远华.信息基础设施建设能提高中国高技术产业的创新效率吗？［J］.南开经济研究，2018（2）：72–92.

［39］孙琳琳，郑海涛，任若恩.信息化对中国经济增长的贡献［J］.世界经济，2012（2）：3–25.

［40］唐松，伍旭川，祝佳.数字金融与企业技术创新［J］.管理世界，2020（5）：52–66.

［41］陶云清，曹雨阳，张金林，邹凯.数字金融对创业的影响［J］.浙江大学学报（人文社会科学版），2021（1）：129–144.

［42］滕磊，马德功.数字金融能够促进高质量发展吗？［J］.统计研究，2020（11）：80–92.

［43］王晓霞，白重恩.劳动收入份额格局及其影响因素研究进展［J］.经济学动态，2014（3）：107–115.

［44］王林辉，赵景，李金城.劳动收入份额"U形"演变规律的新解

释［J］.财经研究，2015（10）：17-30.

［45］王贤彬，黄亮雄，徐现祥，李郇.中国地区经济差距动态趋势重估［J］.经济学（季刊），2017（3）：877-896.

［46］王靖一，黄益平.金融科技媒体情绪的刻画与对网贷市场的影响［J］.经济学（季刊），2018（4）：1623-1650.

［47］万佳彧，周勤，肖义.数字金融、融资约束与企业创新［J］.经济评论，2020（1）：71-83.

［48］万广华，陆铭，陈钊.全球化与地区间收入差距：来自中国的证据［J］.中国社会科学，2005（3）：17-26.

［49］万海远.城市社区基础设施投资的创业带动作用［J］.经济研究，2021（9）：39-55.

［50］谢平，邹传伟，刘海二.互联网金融手册［M］.北京：中国人民大学出版社，2014.

［51］谢绚丽，沈艳，张皓星，郭峰.数字金融能促进创业吗？——来自中国的证据［J］.经济学（季刊），2018（4）：1557-1580.

［52］徐康宁，陈丰龙，刘修岩.中国经济增长的真实性［J］.经济研究，2015（9）：17-29.

［53］徐瑾.地区信息化对经济增长的影响分析［J］.统计研究，2010（5）：74-80.

［54］许宪春，郑正喜，张钟文.中国平衡发展状况及对策研究［J］.管理世界，2019（5）：15-28.

［55］薛莹，胡坚.金融科技助推经济高质量发展：理论逻辑、实践基础与路径选择［J］.改革，2020（3）：53-62.

［56］严成樑，龚六堂.财政支出、税收与长期经济增长［J］.经济研

究，2009（6）：4-15.

［57］杨丰来，黄永航．企业治理结构、信息不对称与中小企业融资［J］.金融研究，2006（5）：159-166.

［58］杨屹，魏泽盛．我国双创能力的时空差异及其耦合效应分析［J］.数量经济技术经济研究，2018，35（5）：3-22.

［59］杨志强，王华．公司内部薪酬差距，股权集中度与盈余管理行为［J］.会计研究，2014（6）：57-65.

［60］杨慧梅，江璐．数字经济、空间效应与全要素生产率［J］.统计研究，2021（4）：3-15.

［61］叶文平，李新春，陈强远．流动人口对城市创业活跃度的影响［J］.经济研究，2018（6）：157-170.

［62］余明桂，范蕊，钟慧洁．中国产业政策与企业技术创新［J］.中国工业经济，2016（12）：5-22.

［63］张勋，万广华，张佳佳，何宗樾．数字经济、普惠金融与包容性增长［J］.经济研究，2019（8）：71-86.

［64］张梁，相广平，马永凡．数字金融对区域创新差距的影响机理分析［J］.改革，2021（5）：88-101.

［65］张正平，黄帆帆．数字普惠金融对农村劳动力自我雇佣的影响［J］.金融论坛，2021（4）：58-68.

［66］张辉，刘鹏，于涛，安虎森，戚安邦．金融空间分布、异质性与产业布局［J］.中国工业经济，2016（12）：40-57.

［67］张龙耀，张海宁．金融约束与家庭创业——中国的城乡差异［J］.金融研究，2013（9）：123-135.

［68］赵宸宇，王文春，李雪松．数字化转型如何影响企业全要素生产

率［J］. 财贸经济，2021（7）：114-129.

［69］郑馨，周先波，张麟. 社会规范与创业［J］. 经济研究，2017（11）：59-73.

［70］中国信息通信研究院. 中国数字经济发展白皮书（2020年）［R］. 2020.

［71］周利，冯大威，易行健. 数字普惠金融与城乡收入差距："数字红利"还是"数字鸿沟"［J］. 经济学家，2020（5）：99-108.

［72］Acemoglu, D. Introduction to Economic Growth［J］. Journal of Economic Theory, 2012, 147（2）：545-550.

［73］Acemoglu, D., Restrepo, P. The Race between Man and Machine: Implications of Technology for Growth, Factor Shares, and Employment［J］. American Economic Review, 2018, 108（6）：1488-1542.

［74］Acemoglu, D., Zilibotti, F. Productivity Differences［J］. The Quarterly Journal of Economics, 2001, 116（2）：563-606.

［75］Acharya, V., Xu, Z. Financial Dependence and Innovation: The Case of Public Versus Private Firms［J］. Journal of Financial Economics, 2016, 124（2）：223-243.

［76］Aghion, P., Akcigit, U., Bergeaud, A., Blundell, R., Hémous, D. Innovation and Top Income Inequality［J］. The Review of Economic Studies, 2019, 86（1）：1-45.

［77］Aghion, P., Akcigit, U., Hyytinen, A., Toivanen, O. On the Returns to Invention within Firms: Evidence from Finland［J］. AEA Papers and Proceedings, 2018（108）：208-212.

［78］Aghion, P., Bergeaud, A., Blundell, R., Griffith, R. The Innovation

Premium to Soft Skills in Low−Skilled Occupations [R]. Banque de France Working Paper, 2019.

[79] Aghion, P., Howitt, P., Violante, G. General Purpose Technology and Wage Inequality [J]. Journal of Economic Growth, 2002, 7 (4): 315−345.

[80] Aker, J. C., Boumnijel, R., McClelland, A., Tierney, N. Zap It to Me: The Short−term Impacts of a Mobile Cash Transfer program [R]. Center for Global Development Working Paper, 2011.

[81] Antonelli, C., Gehringer, A. Innovation and Income Inequality [R]. Cognetti de Martiis Department of Economics and Statistics Working Paper Series, 2013.

[82] Atkinson, T. What Can Be Done About Inequality? [J]. Juncture, 2015, 22 (1): 32−41.

[83] Audretsch, D., Fritsch, M. Linking Entrepreneurship to Growth: The Case of West Germany [J]. Industry and Innovation, 2003, 10 (1): 65−73.

[84] Azadegan, A., Wagner, S. M. Industrial Upgrading, Exploitative Innovations and Explorative Innovations [J]. International Journal of Production Economics, 2011, 130 (1): 54−65.

[85] Baden−Fuller, C., Haefliger, S. Business Models and Technological Innovation [J]. Long Range Planning, 2013, 46 (6): 419−426.

[86] Banerjee, A. V., Newman, A. F. Occupational Choice and the Process of Development [J]. Journal of Political Economy, 1993, 101 (2): 274−298.

[87] Banker, R., Bu, D., Mehta, M. Pay Gap and Performance in China [J]. Abacus, 2016, 52 (3): 501−531.

[88] Barro, R. J., Sala−i−Martin, X. Convergence [J]. Journal of Political

Economy, 1992, 100（2）: 223-251.

［89］Barro, R. J., Sala-i-Martin, X., Blanchard, O. J., Hall, R. E. Convergence Across States and Regions［J］. Brookings Papers on Economic Activity, 1991（1）: 107-182.

［90］Barro, R. J., Sala-i-Martin, X. Convergence［J］. Journal of Political Economy, 1992, 100（2）: 223-251.

［91］Basu, S., Weil, D. N. Appropriate Technology and Growth［J］. The Quarterly Journal of Economics, 1998, 113（4）: 1025-1054.

［92］Baumol, W. J. Entrepreneurship in Economic Theory［J］. The American Economic Review, 1968, 58（2）: 64-71.

［93］Baumol, W. Productivity Growth, Convergence, and Welfare: What the Long-run Data Show［M］. Industrial Organization and Economic Generalities, Edward Elgar Publishing, 2003.

［94］Baumol, W. J. Productivity Growth, Convergence, and Welfare: What the Long-run Data Show［J］. The American Economic Review, 1986, 76（5）: 1072-1085.

［95］Benos, N., Tsiachtsiras, G. Innovation and Income Inequality: World Evidence［R］. MPRA Paper, 2019.

［96］Bertola, G., Foellmi, R., Zweimüller, J. Income Distribution in Macroeconomic Models［M］. Princeton: Princeton University Press, 2014.

［97］Card, D., DiNardo, J. Skill-Biased Technological Change and Rising Wage Inequality: Some Problems and Puzzles［J］. Journal of Labor Economics, 2002, 20（4）: 733-783.

［98］Caselli, F. Technological Revolutions［J］. American Economic Review,

1999, 89（1）: 78–102.

［99］Chang, X., Fu, K., Low, A., Zhang, W. Non-Executive Employee Stock Options and Corporate Innovation［J］. Journal of Financial Economics, 2015, 115（1）: 168–188.

［100］Chen, X., Nordhaus, W. D. Using Luminosity Data as a Proxy for Economic Statistics［J］. Proceedings of the National Academy of Sciences of the United States of America, 2011, 108（21）: 8589–8594.

［101］Cornaggia, J., Mao, Y., Xuan, T., et al. Does Banking Competition Affect Innovation?［J］. Journal of Financial Economics, 2015, 115（1）: 189–209.

［102］Cowell, F. Measuring Inequality［M］. Oxfird: Oxford University Press, 2011.

［103］David, H., Dorn, D. The Growth of Low-skill Service Jobs and the Polarization of the US Labor Market［J］. American Economic Review, 2013, 103（5）: 1553–1597.

［104］Dawood, T. C., Pratama, H., Masbar, R., Effendi, R. Does Financial Inclusion Alleviate Household Poverty? Empirical Evidence from Indonesia［J］. Economics & Sociology, 2019, 12（2）: 235–252.

［105］Demir, A., Pesqué-Cela, V., Altunbas, Y., Murinde, V. Fintech, Financial Inclusion and Income Inequality: A Quantile Regression Approach［J］. The European Journal of Finance, 2022, 28（1）: 86–107.

［106］Demir, A., Pesqué-Cela, V., Altunbas, Y., and Murinde, V. Fintech, Financial Inclusion and Income Inequality: A Quantile Regression Approach［J］. The European Journal of Finance, 2020（2）: 1–22.

［107］Dermine, J. Digital Banking and Market Disruption: A Sense of Déjà vu? [J]. Financial Stability Review, 2016 (20): 17–25.

[108] Du, M., Chen, Q., Xiao, J., et al. Supply Chain Finance Innovation Using Blockchain [J]. IEEE Transactions on Engineering Management, 2020, 67 (4): 1045–1058.

[109] Dupas, P., Robinson, J. Savings Constraints and Microenterprise Development: Evidence from a Field Experiment in Kenya [J]. American Economic Journal: Applied Economics, 2013, 5 (1): 163–192.

[110] Firpo, S., Fortin, N., Lemieux, T. Unconditional Quantile Regressions [J]. Econometrica, 2009, 77 (3): 953–973.

[111] Firth, M., Leung, T., Rui, O., Na, C. Relative Pay and Its Effects on Firm Efficiency in a Transitional Economy [J]. Journal of Economic Behavior & Organization, 2015 (110): 59–77.

[112] Foster, J. E., Lopez–Calva, L. F., Szekely, M. Measuring the Distribution of Human Development: Methodology and an Application to Mexico [J]. Journal of Human Development, 2005, 6 (1): 5–25.

[113] Frost, J., Gambacorta, L., Gambacorta, R. The Matthew Effect and Modern Finance: On the Nexus between Wealth Inequality, Financial Development and Financial technology [R]. 2020.

[114] Frydman, C., Papanikolaou, D. In Search of Ideas: Technological Innovation and Executive Pay Inequality [J]. Journal of Financial Economics, 2018, 130 (1): 1–24.

[115] Gabaix, X., Landier, A. Why Has CEO Pay Increased So Much? [J]. The Quarterly Journal of Economics, 2008, 123 (1): 49–100.

[116] Galor, O., Moav, O. From Physical to Human Capital Accumulation:

Inequality and the Process of Development [J] . The Review of Economic Studies, 2004, 71 (4) : 1001–1026.

[117] Gelb, A., Clark, J. Identification for Development: The Biometrics Revolution [R] . Center for Global Development Working Paper, 2013.

[118] Ghatak, M., Jiang, N. N. H. A Simple Model of Inequality, Occupational Choice, and Development [J] . Journal of Development Economics, 2002, 69 (1) : 205–226.

[119] Glaeser, E. L., Kerr, S. P., Kerr, W. R. Entrepreneurship and Urban Growth: An Empirical Assessment with Historical Mines [J] . Review of Economics and Statistics, 2015, 97 (2) : 498–520.

[120] Glaeser, E. L., Kerr, W. R. Local Industrial Conditions and Entrepreneurship: How much of the Spatial Distribution Can We Explain? [J] . Journal of Economics & Management Strategy, 2009, 18 (3) : 623–663.

[121] Glaeser, E. L. Entrepreneurship and the City [M] . Entrepreneurship and Openness, Edward Elgar Publishing, 2009.

[122] Gomber, P., Koch, J. A., Siering, M. Digital Finance and FinTech: Current Research and Future Research Directions [J] . Journal of Business Economics, 2017, 87 (5) : 537–580.

[123] Goos, M., Manning, A. Lousy and Lovely Jobs: The Rising Polarization of Work in Britain [J] . The Review of Economics and Statistics, 2007, 89 (1) : 118–133.

[124] Greenwood, J., Jovanovic, B. Financial Development, Growth, and the Distribution of Income [J] . Journal of Political Economy, 1990, 98 (5) : 1076–1107.

〔125〕 Guellec, D., Paunov, C. Digital Innovation and the Distribution of Income〔R〕. National Bureau of Economic Research, 2017.

〔126〕 Hadlock, C. J., Pierce, J. R. New Evidence on Measuring Financial Constraints: Moving beyond the KZ Index〔J〕. The Review of Financial Studies, 2010, 23（5）: 1909–1940.

〔127〕 Han, L., Hare, D. The Link between Credit Markets and Self-employment Choice among Households in Rural China〔J〕. Journal of Asian Economics, 2013（26）: 52–64.

〔128〕 Hatipoglu, O. The Relationship Between Inequality and Innovative Activity: A Schumpeterian Theory and Evidence from Cross-Country Data〔J〕. Scottish Journal of Political Economy, 2012, 59（2）: 224–248.

〔129〕 Hau, H., Huang, Y., Shan, H., Sheng, Z. How FinTech Enters China's Credit Market〔J〕. AEA Papers and Proceedings, 2019（109）: 60–64.

〔130〕 Henderson, J. V., Storeygard, A., Weil, D. N. Measuring Economic Growth from Outer Space〔J〕. American Economic Review, 2012, 102（2）: 994–1028.

〔131〕 Honohan, P. Cross-country Variation in Household access to Financial Services〔J〕. Journal of Banking & Finance, 2008, 32（11）: 2493–2500.

〔132〕 Hsu, P. H., Xuan, T., Yan, X. Financial Development and Innovation: Cross-country Evidence〔J〕. Journal of Financial Economics, 2014, 112（1）: 116–135.

〔133〕 Igoni, S., Onwumere, J. U. J., Ogiri, I. H. The Nigerian Digital Finance Environment and Its Economic Growth: Pain or Gain〔J〕. Asian Journal of Economics, Finance and Management, 2020（2）: 1–10.

［134］Jauch, S., Watzka, S. Financial Development and Income Inequality: A Panel Data Approach［J］. Empirical Economics, 2016, 51（1）: 291–316.

［135］Jorgenson, D. W., Ho, M. S., Samuels, J. D., et al. Industry Origins of the American Productivity Resurgence［J］. Economic Systems Research, 2007, 19（3）: 229–252.

［136］Jorgenson, D. W., Stiroh, K. J. Information Technology and Growth［J］. American Economic Review, 1999, 89（2）: 109–115.

［137］Jorgenson, D. W. Information Technology and the US Economy［J］. American Economic Review, 2001, 91（1）: 1–30.

［138］Kale, J., Reis, E., Venkateswaran, A. Rank–Order Tournaments and Incentive Alignment: The Effect on Firm Performance［J］. The Journal of Finance, 2009, 64（3）: 1479–1512.

［139］Kaplan, S. N., Zingales, L. Do Investment–cash Flow Sensitivities Provide Useful Measures of Financing Constraints?［J］. The Quarterly Journal of Economics, 1997, 112（1）: 169–215.

［140］Kapoor, A. Financial Inclusion and the Future of the Indian Economy［J］. Futures, 2014, 56（2）: 35–42.

［141］Karaivanov, A. Financial Constraints and Occupational Choice in Thai Villages［J］. Journal of Development Economics, 2012, 97（2）: 201–220.

［142］Kim, J. H. A Study on the Effect of Financial Inclusion on the Relationship between Income Inequality and Economic Growth［J］. Emerging Markets Finance and Trade, 2016, 52（2）: 498–512.

［143］King, R. G., Levine, R. Finance and Growth: Schumpeter Might Be Right［J］. The Quarterly Journal of Economics, 1993, 108（3）: 717–737.

[144] Kling, G., Pesqué-Cela, V., Tian, L., Luo, D. A Theory of Financial Inclusion and Income Inequality [J]. The European Journal of Finance, 2022, 28 (1): 137–157.

[145] Krusell, P., Ohanian, L., Ríos-Rull, J. V., Violante, G. Capital-Skill Complementarity and Inequality: A Macroeconomic Analysis [J]. Econometrica, 2000, 68 (5): 1029–1053.

[146] Lazear, E. P. Balanced skills and entrepreneurship [J]. American Economic Review, 2004, 94 (2): 208–211.

[147] Lazonick, W. The Theory of the Market Economy and the Social Foundations of Innovative Enterprise [J]. Economic and Industrial Democracy, 2003, 24 (1): 9–44.

[148] Lessmann, C., Seidel, A. Regional Inequality, Convergence, and Its Determinants-A View from Outer Space [J]. European Economic Review, 2017 (92): 110–132.

[149] Liang, J., Wang, H., Lazear, E. P. Demographics and Entrepreneurship [J]. Journal of Political Economy, 2018, 126 (1): 140–196.

[150] Liu, D., Jin, Y., Pray, C., Liu, S. The Effects of Digital Inclusive Finance on Household Income and Income Inequality in China [R]. 2020.

[151] Love, I. Financial Development and Financing Constraints: International Evidence from the Structural Investment Model [J]. The Review of Financial Studies, 2003, 16 (3): 765–791.

[152] Luchman, J. N. Determining Relative Importance in Stata Using Dominance Analysis: Domin and Domme [J]. The Stata Journal, 2021, 21 (2): 510–538.

[153] Maddison, A. Dynamic Forces in Capitalist Development: A Long-run Comparative View[M]. Oxfird: Oxford University Press, 1991.

[154] Michaels, G., Natraj, A., Van Reenen, J. Has ICT Polarized Skill Demand? Evidence from Eleven Countries Over twenty-five Years[J]. Review of Economics and Statistics, 2014, 96(1): 60-77.

[155] Mohd Daud, S. N., Ahmad, A. H., Ngah, W. A. S. W. Financialization, Digital Technology and Income Inequality[J]. Applied Economics Letters, 2021, 28(16): 1339-1343.

[156] Morduch, J., Armendariz, B. The Economics of Microfinance[M]. Cambridge: MIT Press, 2005.

[157] Muhamad, S., Sulaiman, N. F. C., Saputra, J. The Role of Human Capital and Innovation Capacity on Economic Growth in ASEAN-3[J]. Jurnal Ekonomi Malaysia, 2018, 52(1): 281-294.

[158] Muralidharan, K., Niehaus, P., Sukhtankar, S. Payments Infrastructure and the Performance of Public Programs: Evidence from Biometric Smartcards in India[R]. National Bureau of Economic Research, 2014.

[159] Myers, S. C., Majluf, N. S. Corporate Financing and Investment Decisions When Firms Have Information That Investors Do Not Have[J]. Journal of Financial Economics, 1984, 13(2): 187-221.

[160] Neaime, S., Gaysset, I. Financial Inclusion and Stability in MENA: Evidence from Poverty and Inequality[J]. Finance Research Letters, 2018(24): 230-237.

[161] Nordhaus, W. Productivity Growth and the New Economy[J]. Brookings Papers on Economic Activity, 2002, 33(2): 211-265.

［162］Noseleit, F. Entrepreneurship, Structural Change, and Economic Growth［J］. Journal of Evolutionary Economics, 2013, 23（4）: 735–766.

［163］Ozili, P. K. Impact of Digital Finance on Financial Inclusion and Stability［J］. Borsa Istanbul Review, 2018（4）: 329–340.

［164］Pearce, D. Financial Inclusion in the Middle East and North Africa: Analysis and Roadmap Recommendations［R］. The World Bank, 2011.

［165］Rees, H., Shah, A. An Empirical Analysis of Self–employment in the UK［J］. Journal of Applied Econometrics, 1986, 1（1）: 95–108.

［166］Rodrik, D. Unconditional Convergence in Manufacturing［J］. The Quarterly Journal of Economics, 2013, 128（1）: 165–204.

［167］Rodríguez–Pose, A., Tselios, V. Education and Income Inequality in the Regions of the European Union［J］. Journal of Regional Science, 2009, 49（3）: 411–437.

［168］Roller, L. H., Waverman, L. Telecommunications Infrastructure and Economic Development: A Simultaneous Approach［J］. American Economic Review, 2001, 91（4）: 909–923.

［169］Rosen, S. The Economics of Superstars［J］. The American Economic Review, 1981, 71（5）: 845–858.

［170］Rosenthal, S. S., Strange, W. C. Female Entrepreneurship, Agglomeration, and a New Spatial Mismatch［J］. Review of Economics and Statistics, 2012, 94（3）: 764–788.

［171］Salampasis, D., Mention, A. L. FinTech: Harnessing Innovation for Financial Inclusion［J］. in Handbook of Blockchain, Digital Finance, and Inclusion, 2018（2）: 451–461.

［172］Samila, S., Sorenson, O. Venture Capital, Entrepreneurship, and Economic Growth［J］. The Review of Economics and Statistics, 2011, 93（1）: 338–353.

［173］Seneviratne, D., Yan, M. S. Infrastructure and Income Distribution in ASEAN–5: What Are the Links?［R］. IMF Working Papers, 2013.

［174］Shabbir, M. N., Liyong, W., Iftikhar, K. Trade Openness, Innovation, and Economic Growth: A Causal Effect Analysis of OECD Countries［J］. Pakistan Journal of Economic Studies, 2021, 4（1）: 55–90.

［175］Shofawati, A. The Role of Digital Finance to Strengthen Financial Inclusion and the Growth of SME in Indonesia［J］. KnE Social Sciences, 2019（2）: 389–407.

［176］Song, J., Price, D., Guvenen, F., Bloom, N., Wachter, T. Firming up Inequality［J］. The Quarterly Journal of Economics, 2019, 134（1）: 1–50.

［177］Suri, T., Jack, W. The Long–run Poverty and Gender Impacts of Mobile Money［J］. Science, 2016, 354（6317）: 1288–1292.

［178］Tanaka, K., Keola, S. Shedding Light on the Shadow Economy: A Nighttime Light Approach［J］. Journal of Development Studies, 2017, 53（1）: 1–17.

［179］Teece, D. J. Business Models, Business Strategy and Innovation［J］. Long Range Planning, 2009, 43（2）: 172–194.

［180］Ullah, B. Firm Innovation in Transition Economies: The Role of Formal Versus Informal Finance［J］. Journal of Multinational Financial Management, 2019（50）: 58–75.

［181］Venturini, F. The Long–run Impact of ICT［J］. Empirical Economics,

2009, 37（3）: 497–515.

［182］Yilmaz, S., Dinc, M. Telecommunications and Regional Development: Evidence from the US States［J］. Economic Development Quarterly, 2002, 16（3）: 211–225.

［183］Zeng, M., Reinartz, W. Beyond Online Search: The Road to Profitability ［J］. California Management Review, 2003, 45（2）: 107–130.